이코노믹 마인드

이코노믹 마인드

초판 1쇄 발행 | 2022년 9월 22일

지은이 | 김동옥
펴낸이 | 박상두
편집 | 이현숙
디자인 | 진혜리
제작 | 박홍준
마케팅 | 박현지

펴낸곳 | 두앤북
주소 | 15337 경기도 안산시 단원구 당곡3로3, 702-801
등록 | 제2018-000033호
전화 | 031-480-3660
팩스 | 02-6488-9898
이메일 | whatiwant100@naver.com

값 | 18,000원
ISBN | 979-11-90255-20-2 03320

이코노믹 마인드

한국인의 경제원론

Economic Mind

두앤북

경제학책 읽기는 오래된 취미생활입니다. 여가활동인 동시에 노동활동이기도 합니다. 경제학 공부를 본업의 일부로 여기기 때문입니다. 노동과 여가가 동시에 이루어지니 희한하지만 다행스러운 일입니다.

이러한 취미생활은 20년 전쯤 시작되었습니다. 토드 부크홀츠의《죽은 경제학자의 살아 있는 아이디어》가 그 출발점이었습니다. 경제학을 전공한 한 지인은 학부에서 4년 동안 배운 내용이 이 책을 읽으면서 명쾌하게 정리되었다고 말했습니다. 유시민의《부자의 경제학 빈민의 경제학》과 로버트 하일브로너의《세속의 철학자들》도 비슷한 경험과 인상을 남긴 책들입니다. 이 책들의 공통점은 아주 재미있다는 것입니다.

이 책은 위의 책들처럼 흥미진진하지 않을 겁니다. 한 권에 경제학 전반을 담고자 했기에 간략하지만 건조한 면이 있습니다. 세부 내용에 대한 충실한 설명을 다하지 못한 한계도 지니고 있습니다. 하지만 경제학에 관심을 갖게 되고, '경제(학적) 사고체계(또는 경제 마인드, economic mind)'를 확립할 수 있으며, 추가 학습을 위한 기초 체력을 갖출 수 있을 것입니다. 이것이 이 책을 쓴 목적입니다.

경제학을 주제로 대중적 글쓰기의 중요성을 강조하는 폴 크루그먼은 경제학이 우리가 마주하는 현안들에 엄청난 통찰력을 제공한다고 말합니다. 일상의 언어로 경제학을 설명하려는 시도가 부족한 현실에서 이해하기 쉽고 흥미로운 경제학 서적이 더 많아져야 한다고 이야기합니다. 물론 진지하게 경제학 교과서를 탐독할 필요가 있다는 언급도 빼놓지 않습니다.*

경제학의 95퍼센트는 상식을 복잡하게 만든 것이다. 나머지 5퍼센트도 아주 전문적인 부분까지는 아니지만 거기에 숨은 근본 논리는 쉬운 말로 설명 가능하다(Chang, 2010).**

* 폴 크루그먼 지음, 김이수 옮김, 2002.
** 역서(김희정·안세민, 2010) 인용.

5%의 전문적인 부분까지 알고 싶어서 복잡한 수식 등과 힘겹게 씨름한 적이 있습니다. 힘겨운 시간을 보내고 진정으로 이해하는 순간이 오니 중요한 핵심 내용을 선명하게 드러내어 쉬운 말로 설명할 수 있었습니다.

우리 모두에게는 저마다 중시하는 분야가 있습니다. 경제학은 95%의 상식을 잊지 않고 나머지 전문적인 부분의 근본 논리를 일상의 언어로 이해하려는 노력을 기울이면 누구나 나름의 안목을 가질 수 있습니다.

이 책은 '폭넓은 경제(학)적 주제를 쉬운 말로 설명하는 입문서'를 지향합니다. 동시에 편협한 시각에서 벗어나 균형감 있는 경제(학적) 사고체계를 갖추는 것을 목표로 합니다. 인식의 틀을 확립하는 것이 세세한 지식을 습득하는 것보다 먼저이기 때문입니다.

서술 형식에도 심혈을 기울였습니다. 전체를 긴 호흡으로 읽으면서 지루하지 않게 하려고 간결하고 단순한 서술을 위해 애썼습니다. 간략한 본문을 위해 각주를 사용했습니다. 본문은 짧은 호흡으로 단숨에 읽어낼 수 있게 서술하고 보충 설명이나 추가적인 참고사항은 하단에 배치했습니다.

집필 구상에 영감을 주거나 내용 서술에 도움을 준 문헌은 빠짐없이 표기했습니다. 그 이유는 다음과 같습니다.

첫째, 인용의 윤리를 지키기 위함입니다. 직접인용은 큰따옴표로 표시하거나 별도의 문단으로 구성했습니다. 둘째, 독자의 보충학습을 안내하기 위함입니다. 외국 문헌의 경우에는 국내에 소개된 번역서도 함께 제시했으므로 추가적인 학습에 도움이 될 것입니다. 셋째, 엄중한 검증을 위함입니다. 관련 문헌 확인을 통해 그릇된 내용이 포함되지 않도록 최선을 다했습니다.

완결성을 위해 예비 독자의 의견조회를 진행했습니다. 인프라프론티어자산운용의 신호상 전무가 초고를 읽고 유익한 의견을 들려주었습니다. 1차 교정을 마친 원고를 마성욱 삼우회계법인 대표와 신호상 전무가 다시 검토하고 값진 조언을 해주었습니다. 다만 모든 의견을 다 반영하지 못하고 이견이 있는 경우에는 저의 견해를 유지했으므로 이 책의 미진함은 오롯이 필자의 몫으로 남습니다.

이 외에도 책을 쓰는 데 도움을 주신 분들이 있습니다. 깊은 감사의 말씀을 올립니다.

경제학은 삶의 많은 부분과 관련됩니다. 그러므로 우리는 각자의 판단으로 자신만의 경제(학)적 의견을 수립해야 합니다. 불순한 의도와 왜곡된 시각을 가진 선동가들에게 휘둘리지 않기 위해서 견고한 경제 마인드를 갖추어야 합니다. 작으나마 이 책이 도움이 되었으면 좋겠습니다. 또한 더 심오한 학습으로 가는 길라잡이가 될 수 있기를 바랍니다.

독자들의 관심과 질정에 힘입어 보다 나은 책으로 꾸준히 거듭날 수 있기를 희망합니다.

2022년 8월
불곡산 숲자락에서
김동옥

차례

3장

경제사

4장

자본주의

5장

경제사상

6장

경제과학

7장

미시경제학

8장

거시경제학

9장

경제발전

10장

경제학의 비전

1장

서론

일반적으로 경제학은 다가가기 어렵고 난해한 학문이라는 인상이 강하다.[1] 실제로 경제학 교과서를 펼치면 복잡한 수식과 그래프로 가득하다. 큰 인내심을 발휘하여 방정식의 숲속을 거닐다 보면 점점 현실과 멀어지고 있다는 느낌에 사로잡힐 때도 있다. 그렇다고 외면할 수도 없다. 수많은 경제 정보로 넘쳐나는 일상을 살아가고 있기 때문이다.

경제학은 물질적 생존과 행복을 위한 욕망 충족을 목적으로 하는 경제활동의 지침을 제공해준다. 그렇지만 세상을 이해하고 합리적 선택을 통한 올바른 의사결정을 내리기 위해 고도의 전문적 경제학 지식이 필요한 것은 아니다. "주요 원칙과 기본적인 사실을 알고 나면 상세한 전문 지식이 없어도 좋은 판단을 내릴 수 있다(Chang, 2010)."[2]

1 폴 크루그먼(Paul Robin Krugman, 1953~)에 의하면, 경제학이 어려운 학문인 것은 경제 현상과 인간 행동의 복잡성에 기인한다(Krugman, 1994).

2 역서(김희정·안세민, 2010) 인용.

(…) 경제학의 유용한 명제란 모두 명료하고 꾸밈없이 누구에게나 납득이 가는 말로 정확히 설명할 수 있는 것이다(Galbraith, 1987).[3]

경제학은 정말로 지루하고 따분한 학문일까? 일반적인 경제학 논의는 엄격한 가정 아래 단순한 모형을 설명하며 이루어진다. 가정과 모형은 복잡한 세상을 단순화함으로써 이해의 어려움을 최소화해준다. 그러나 추상적이고 이론적이기만 한 논의는 사회의 문화적·제도적 요소를 고려할 수 없다.

위대한 경제학 거인들의 사상은 혼란한 세상에 질서를 부여했다. 그들이 정리한 경제학의 핵심은 사회적·역사적 의미를 추구하는 것이다. 경제(학)적 분석에 앞서 경제사와 경제사상사를 살펴봄으로써 역동적인 경제학의 세계로 여행을 떠나보자.

만약 오늘날의 경제학이 매력 없고 위대한 모험심을 결여하고 있다면 그것은 당연히 경제학 종사자들의 책임이다. 왜냐하면 위대한 경제학자들은 단순히 지적인 허풍쟁이는 아니었기 때문이다. 그들은 전 세계를 연구 주제로 삼고 분노, 절망, 희망 등 여러 가지로 대담한 관찰에서 세계를 묘사했다. 그들의 이단적 의견이 점차 상식이 되어가고 그들에 의해 기존의 상식이 미신으로 폭로되는 과정은, 현대생활의 지적 구조를 점차적으로 구축하는 과정 그 자체였다. (…) 경제학자들이 관여하자 단지 혼란스럽게만 보

3 역서(장상환, 2002) 인용.

이던 세계가 의미 있는 자체의 역사를 가진 질서정연한 사회로 변모한 것이다(Heilbroner, 1999).[4]

질문은 이어진다. 경제학은 우주의 원리를 풀 수 있는 열쇠를 제공하는가? 경제학의 엄밀한 과학성을 끈질기게 추구하며 방법론적 접근을 중시하고 추상적 이론 확립을 목표로 삼게 되면 경제학의 제국주의에 이르게 된다. 경제학이 시공을 초월하여 세상의 모든 문제를 해결할 수 있다는 위험한 생각에 집착한다. 수학적 접근법에 치중하면서 질적인 요소를 무시하여 현실 설명력을 결여한 경제학으로 치닫게 되는 것이다.

이 책에서는 경제학을 사회적·역사적 특수성을 반영하는 현실 적용 가능성을 보유한 학문으로 정의한다. 경제 현상을 설명하는(실증경제학, positive economics) 과학적 태도뿐 아니라 정책 조언을 위한(규범경제학, normative economics) 현실성을 요구하는 것이다.

우리에게는 우주의 원리를 해명한다는 만용에서 벗어나 사회적·역사적 특수성을 반영함으로써 현실 설명력을 유지하는 경제학이 필요하다. 우리는 주요 원칙과 기본적인 경제학 지식을 갖추어 정치적·경제적 의사결정의 현명한 주체가 되어야 한다. 따라서 '경제(학적) 사고체계(또는 경제 마인드, economic mind)' 확립

4 역서(장상환, 2008) 인용.

을 목표로, "이론적임과 동시에 실무적으로, 역사적임과 동시에 현시대적으로, 또 거시적임과 동시에 미시적으로(이찬근, 2011)", 누구나 납득할 수 있는 언어로 경제(학)적 논의를 시작하려고 한다.

이 책은 총 10장으로 구성되어 있다. 복잡한 수식과 그래프는 최소화하고 간결한 문장으로 속도감 있는 읽기를 돕고자 했다. 각 장은 3~5개의 절로 이루어져 있고, 필요한 경우 절을 다시 소제목으로 나누어 호흡을 길지 않게 가져가려 했다. 부가적인 내용과 참고사항을 각주로 처리한 것도 이러한 의도에 따른 것이다.

2장에서 6장은 경제(학적) 사고체계 확립을 위한 준비활동으로 경제사와 경제사상사를 폭넓게 조망한다. 7장과 8장은 경제학 교과서들에서 다루는 내용을 간략하게 효율적으로 살펴볼 수 있도록 정리했다. 9장과 10장은 편협하고 치우친 사고체계 형성을 방지하기 위한 내용을 담았다.

이 책의 본론은 '경제란 무엇인가?'라는 질문으로 시작한다. 생존을 유지하고 행복을 달성하기 위한 인간의 경제 행위, 그 과정에서 발생하는 경제 문제와 이를 해결하는 방식을 이해하는 것이 경제학 학습의 출발점이다. 여기서는 경제 문제를 해결하는 다양한 방식들과 그중 하나인 시장의 경이로운 작동을 확인할 수 있다.

인류의 기원이 약 700만 년 전으로 추정되는 가운데 경제사의 기산점을 언제로 보아야 하는지에 대해서는 여러 견해가 존재한다. 하지만 그 시점부터 현재까지의 인류 경제사를 돌아보는 것은 큰 의미가 있다. 경제학이 복잡한 수식을 이용하여 해를 찾아내는 학문이라는 좁은 관점에서 벗어나 인간의 역사와 실생활에 밀접한 관련이 있다는 인식을 갖게 해주기 때문이다.

경제학과 자본주의의 밀접한 관련성은 많은 사람들이 알지 못하는 비밀이다. 특히 주류 경제학에서 이러한 사실에 입을 닫는다. 경제이론을 역사적 경험에 비추어 사회적 상황과 연결시키려면 이러한 무지나 외면에서 벗어나야 한다. 자본주의의 특징을 이해하고 지난 500년 동안의 역사적 흐름을 살펴볼 필요가 있다.

경제 마인드를 올바로 확립하려면 먼저 경제사상이 2가지 뿌리로부터 자라났다는 사실을 이해하는 것이 필요하다. 경제사상은 철학적 논의와 통속적 논의 속에서 자라나 다양한 학파를 이루었다.

"경제(적) 논쟁에서는 주장하고자 하는 논리의 타당성에 의문을 던지는 사회·정치적 세력과 그 마찰을 논의에서 아예 빼거나 무시할 때 논리가 더 힘을 얻기(Heilbroner, 1997)"[5] 마련이다. 그러므로 일반 대중은 힘이 센 주류 경제학적 사고에 매몰되기 쉽다. 하지만 모든 경제 현상을 설명하는 우월하고 단일한 이론은 존재할 수 없으며, 편협한 시각에 사로잡히지 않으려면 다양한 경

5 역서(김정수·이현숙, 2001) 인용.

제학파의 견해를 탐구해야 한다.

'경제학은 과학인가?'라는 물음에 대해서도 논쟁이 치열하다. 그 대답은 '과학'에 대한 정의에 따라 달라질 수 있으며, 올바른 입장을 갖추기 위한 준비와 논의는 언제나 그 자체로 중요성을 갖는다. 정치적·경제적 의사결정의 주체가 되려면 경제학 지식을 갖추어야 할뿐더러 과학적 태도를 견지해야 한다.

2장에서는 경제 행위, 경제 현상, 경제 문제가 무엇인지 이해하고, 경제 문제를 해결하는 방식을 알아본다. 3장은 인류 경제사의 요약이다. 경제의 시작 시점부터 현재까지의 경제사를 일람하고, 최근 500년의 경제사를 좀 더 자세히 살펴본다. 4장은 본격적인 경제학 논의에 앞서 자본주의를 이해하기 위한 설명이다. 이어서 5장에서는 경제사상의 흐름을 살펴보고, 다양한 경제학파의 견해를 다룬다. 6장은 '경제학은 과학인가?'라는 물음에 대한 대답이다.

대부분의 경제학 교과서는 미시경제와 거시경제로 나누어 논의를 진행한다. 개별 경제주체의 행위를 현미경으로 포착하는 관점을 미시경제라 하고, 경제의 큰 흐름을 조망하는 관점을 거시경제라고 한다. 미시적 경제 현상으로부터 거시적 경제 현상이 발현되고, 그 과정에 상호작용이 존재한다. 이처럼 미시경제와 거시경제는 밀접한 관련을 갖는다. 이 책의 목적은 경제 마인드를 확립하는 것이므로 일반 경제학 교과서에서 다루지 않는 내용까지 포괄한다. '경제원론'을 표방하는 책이므로 교과서에서 언급하지 않는 내용과 함께 경제학 교과서의 주된 논의를 간략하면서도 효율적으로 담고자 노력했다.

7장은 미시경제에 관한 논의다. 미시경제와 거시경제에 대한 설명으로 시작하여 재화와 용역, 경제적 잉여, 가격제도, 시장실패라는 5개 절로 구성함으로써 미시경제의 주요 내용을 탐구한다. 시장을 통한 경제 문제 해결의 핵심인 가격제도의 작동 원리를 알아보기 위해 수요공급, 탄력성, 시장할당에 대해 논의하고, 시장이 실패하는 4가지 특수한 경우를 들여다본다.

8장은 거시경제를 다룬다. 총생산, 소비·저축·투자, 물가·실업·빈곤, 국제경제, 정부의 역할이라는 5개 절로 거시경제의 주요 내용을 탐구한다. 종속적이고 수동적인 소비와 적극적이고 미래지향적인 투자의 성격을 이해하는 것이 중요하다. 자본주의 체제를 구성하는 경제주체이자 경제안정화 및 시장실패 대응을 위한 노력을 중심으로 정부 역할을 논의한다.

이 책의 마지막 부분에서는 다른 경제학 서적들과의 차별성이 두드러지는 논의가 진행된다. 전혀 새롭고 독창적인 내용이라기보다는 일반 대중이 쉽게 접할 수 없는 경제(학)적 논의를 정리하여 소개한다. 경제발전이 의식적이고 의도적인 정책의 산물이라는 주장과 현대 경제학이 비전의 위기에 빠져 있다는 주장에 동의하면서 주류 경제학이 외면하고 왜곡한 부분을 지적하고 올바른 경제(학)적 논의의 방향을 제시하고자 한다.

9장에서는 경제발전을 위한 올바른 정책을 생각한다. 하향식으로 구축된 주류 경제학은 수학적으로 설명하기 곤란한 문제는 논의에서 배제함으로써 질적인 차이를 외면하고, 현실과 괴리된 정책을 권장하기도 한다. 경험을 바탕으로 상향식으로 형성된 다른 경제이론은 주류 경제학에 비해 논리적 엄밀성이 부족하고 명쾌한 해답을 제시하지는 못하지만, 질적인 이해를 추구함으로써 현실을 왜곡하지 않는다. 자유무역이 이로운 측면이 많지만 해로울 수도 있다는 사실을 인정하는 것 등을 통해 빈곤에서 벗어나는 실질적 방법을 제시한다.

10장은 올바른 경제(학)적 논의의 방향을 설정하기 위한 탐구의 결론이다. 현재는 경제적 담론을 지배하며 경제(학)적 논의에 일관성을 부여하는 합의된 경제사상이 존재하지 않는 현실이다. 주된 원인은 경제(학)적 논의가 현실 세계를 외면하고, 경제사상의 중심에 위치한 이론의 초점이 뚜렷하지 않기 때문이다. 현실과 괴리된 경제학은 엄밀한 과학성에 대한 지나친 몰두의 결과다. 이렇게 비전의 위기에 빠진 현대의 경제학은 중심 초점(central focus)의 기반을 제공하지 못하고 있다. 모름지기 과학적 지식체계는 비전과 분석의 결합으로 형성되고, 비전은 과학적 분석 이전의 인지 행위로 분석 구조의 형식을 결정한다. 경제학이 현실 설명력을 회복하려면 역사적 특수성을 고려한 올바른 비전이 확립되어야 한다.

2장

경제

진정한 부란 대단한 것을 소유하는 것이 아니라
원하는 것이 적은 것이다.

에픽테토스*

* 스토아 철학자 에픽테토스(Epitctetos, 55~135)의 《담화록(Diatribai)》에 나오는 말이다. 에픽테토스 철학의 핵심은 세상일은 통제할 수 있는 것과 통제할 수 없는 것으로 이루어졌다는 사상이다(댄 스미스 지음, 김민주·이엽 옮김, 2011).

'경제란 무엇인가?'라는 질문으로 시작하자.
경제 행위란 인간의 생존과 행복을 위한 욕망의 충족 행위를 말한다.
이 과정에서 발생하는 경제 문제는 생산의 문제와 분배의 문제로
요약할 수 있다. 인류가 경제 문제를 해결하기 위하여 사용한 방식은
전통, 명령, 시장 3가지뿐이다.*

* 2장의 주요 참고문헌은 로버트 하일브로너(Robert Louis Heilbroner)와 윌리엄 밀버그(William Milberg)의《자본주의 어디서 와서 어디로 가는가(The Making of Economic Society)》이다.

2.1

—

경제란 무엇인가?

'경제'의 사전적 정의는 '인류가 재화 및 용역을 얻어 그 욕망을 만족시키는 행동'이다. 재화와 용역을 생산·교환·분배·소비하는 행위는 경제 행위, 이 과정에서 일어나는 현상을 경제 현상, 이와 수반하여 일어나는 문제를 경제 문제라고 한다(김대식·노영기·안국신, 1994).

아리스토텔레스(Aristoteles, B.C.384~B.C.322)는 사용(use)과 이득(gain)이라는 기준으로 재화를 사고파는 행위를 2가지로 구분했다. 전자의 의미에서 가정이나 국가를 꾸리는 행위를 '외코노미아(œconomia)', 후자와 관련하여 돈벌이 자체가 목적인 행위를 '크레마티스티케(chrematistiké)'로 나누었다. 외코노미아는 바람직하다고 인정했지만, 크레마티스티케에 대해서는 부정적으로 보았다(Heilbroner, 1997; Heilbroner and Milberg, 2011). 외코노미아는 한도가 있는(bounded) 자연스러운(natural) 행위, 크레마티스티케는 한도가 없는(unbounded) 부자연스러운(unnatural) 행위라는 것이다(Heillbroner, 1997). 외코노미아에서 경제(eonomy)가, 크레마티스티케에서 돈벌이에 관한 실제적 지식을 뜻하는 화식학(貨殖學, chrematistics)[1]이 유래했다(조지프 슘페터 지음, 성낙선 옮김, 2007).

경제를 인간의 욕망을 만족시키는 활동으로 단순하게 정의하면 행복지수는 수학적으로 다음과 같이 표현할 수 있다.

$$\text{행복지수} = a \times \frac{\text{충족시킨 욕구의 양}}{\text{충족시키려는 욕구의 양}} \quad ;\ a\text{는 양}(+)\text{의 상수}$$

이 방정식에서 분자는 유한하지만 분모는 무한하므로 행복지수는 수학적으로 언제나 영(0)의 값을 갖는다(유시민, 2002).

그러나 인간이 언제나 전혀 행복하지 않다는 것 또한 진리가 아니라는 사실은 실제적으로 명확하다. 충족시킨 욕구의 양이 증가할수록 행복지수가 증가하기 때문이다. 또한 행복의 전제 조건은 생존이므로 이를 위한 최소한의 욕구 충족 필요성은 인정해야 한다. 단순한 수학적 계산 외에 질적 고려도 필요한 것이다.

1 화식학에 대한 내용은 한국어판 역주(譯註)로 설명되어 있다.

생존을 유지하고 행복을 달성하기 위해서는 한정된 자원의 선택적 사용을 통해 만족을 극대화해야 하므로 경제활동은 희소성(scarcity)이라는 제약 요건과 마주치게 된다. 재화를 생산하는 능력이 커진다고 해서 희소성의 제약이 줄어드는 것도 아니다. 생산 능력보다 더 빠른 속도로 충족시키려는 욕구 역시 커지기 때문이다. 이렇듯 희소성의 원인은 자연(nature)뿐만 아니라 인간의 본성(human nature)에도 기인한다(Heilbroner and Milberg, 2011).

2.2

경제 문제

경제 문제는 생존과 행복을 유지하고 달성하기 위한 활동에서 맞닥뜨리는 문제를 가리킨다. 생존을 위해서는 충분한 양의 재화와 용역의 생산을 보장해야 하고, 생산물 또한 행복을 위한 더 많은 생산을 위해 분배되어야 한다. 그러므로 경제 문제는 생산(production)과 분배(distribution)의 문제로 볼 수 있다(Heilbroner and Milberg, 2011).

생산의 문제

생산을 위해서는 먼저 자원을 동원해야 한다. 이는 자연자원의 이용과 생산과정에 적용할 기술의 선택 및 개발을 위한 지식 발전의 문제로 볼 수 있다. 그러나 그에 앞서 해결해야 할 과제가 있다. 인간의 노력을 동원할 수 있는 사회제도를 마련하는 것이다. 과정은 지난하다. 발전된 현대 경제시스템에서도 실업 문제를 난제로 여기는 것만 봐도 이 과제가 얼마나 중요하고 어려운지 알 수 있다. 생산을 위한 사회적 노력을 확보하기 위한 사회제도의 마련은 경제 문제의 해결을 위한 최우선적 과제다.

사회적 자원을 동원한 다음의 과제는 합리적 자원 배분이다. 생산의 결과인 재화와 용역은 사회적 필요성을 갖추어야 하고, 최대한의 생산물을 산출하기 위한 효율성이 요구되기 때문이다. 그런데 특정 재화와 용역의 과잉생산이나 과소생산을 지적하며 우려하는 목소리가 심심찮게 제기되는 것을 고려하면 자원의 효율적인 적재적소 배분이 결코 쉬운 과제가 아님을 알 수 있다.

분배의 문제

생산의 문제를 해결하고 나면 분배의 문제를 마주하게 된다. 분배의 문제 또한 생존과 행복 모두에 영향을 미친다. 사회 구성원들의 행복을 최대화하는 방향으로 생산물이 분배되어야 한다. 동시에 생산물의 분배는 생존, 즉 사회의 존속을 위하여 생산과정을 지속시키는 역할도 담당해야 한다.

분배체계가 공정하지 못하면 어떤 일이 벌어질까? 그렇다고 해도 사회적 생산시스템이 즉시 작동을 멈추는 것은 아니다. 이와 관련하여 수많은 불공정 분배 사례들을 역사적으로, 공간적으로 발견할 수 있는데, 사회적 노력을 동원하여 생산하는 과정은 유지될 수 있다. 그렇지만 이러한 사회가 행복하다고 할 수는 없다. 때로는 사회적 혼란이나 소요로 표출되기도 하고, 혁명으로 사회체제가 전복되기도 한다. 사회제도가 그만큼 중요하다. 자연의 제약뿐 아니라 인간 본성의 통제와 조정 또한 주요한 경제 문제인 것이다.

2.3

—

경제 문제의 해결

인류가 경제 문제를 해결해온 방식에 대한 연구 결과에서 공통적으로 발견한 사실이 하나 있다. 현대의 다양한 사회와 역사적으로 존재했던 모든 사회에서 생산과 분배의 문제를 해결해 온 방식은 3가지밖에 없다는 사실이다. 바로 전통에 의해 운영되는 경제, 명령에 의해 운영되는 경제, 시장에 의해 운영되는 경제라는 3가치 체제다. 인류의 모든 사회체제는 이 가운데 하나이거나 이 셋의 조합으로 경제 문제를 다루어온 것이다(Heilbroner and Milberg, 2011).

전통

경제 문제를 해결하기 위해 가장 오래도록 폭넓게 사용된 방법은 전통(tradition)의 방식이다. 인류의 오랜 경제 역사를 통해 시행착오를 거치며 관습(custom)과 신앙(belief)이라는 형태로 유지되어온 절차 및 과정에 근거하여 생산과 분배의 문제를 해결하는 방식을 말한다. 전통은 고대사회에서뿐만 아니라 현대사회에서도 사회의 안정을 담보하는 강력한 힘으로 작동한다.

전통이라는 방식은 획득한 생산물의 분배 과정에서도 중요한 역할을 하지만, 생산 문제를 해결하는 과정에서 더 큰 영향력을 행사한다. 현대 산업사회에서도 직업 선택의 기로에서 가문의 전통에 따르는 경우를 어렵지 않게 목격할 수 있다. "인간은 전통에 따라 사회를 조직함으로써 영속성을 확보해왔다. 필요한 다양한 과업을 관습과 관례(usage)에 따라 다음 세대로 계속 물려주는 방법이다(Heilbroner, 1999)."[2]

전통의 방식이 사회의 안정성을 제고하는 기능을 담당한다는 것은 다시 말하면, 경제 문제에 대한 정태적 해결책을 제시한다는 뜻이다. 어떤 형태로든 전통의 지배를 받는 사회는 오래전과 비교해서 큰 차이가 없는 일상을 되풀이하게 된다. 그러므로 전통이라는 이름으로 경제 문제를 해결하는 사회는 경제적 변화나 진보가 눈에 띄지 않고 정체된 경우가 일반적이다.

2 역서(장상환, 2008) 인용.

경제 문제를 해결하는 두 번째 방식인 권위자의 명령(command)으로 강제적 해결책을 도출하는 것 또한 오랜 역사를 지니고 있다. "사회는 권위적 통치(authoritarian rule)라는 채찍을 사용해서 과업이 수행되도록 할 수 있다(Heilbroner, 1999)."[3] 고대 이집트나 중국에서처럼 절대 권력이 지배하는 사회에서 주로 사용되었지만, 현대사회에서도 명령으로 경제 문제를 해결하는 경우가 존재한다. 대표적으로 조세는 공적 권위의 주체가 소득의 일정 부분을 떼어내는 것으로, 명령에 의한 경제 문제 해결의 사례 중 하나다. 또한 전쟁이나 재난 같은 위기 상황에서도 명령에 따라 인력이 동원되거나 재화가 분배된다.

명령에 의한 방식이 절대적 권위에 근거한다고 해서 비민주적 해결 양식이라고 단정 지을 수는 없다. 전체주의의 도구로 사용되는 경우가 많지만, 조세나 위기 대응을 위한 긴급조치와 같이 민주주의적 의지의 도구가 되기도 한다. 다만 두 경우 모두 하향식 의사 전달이 이루어진다는 점은 동일하다.

전통의 방식은 정태적 결과를 낳지만, 명령의 방식은 경제적 변화를 강제하는 강력한 사회 양식이라고 할 수 있다. 두 방식은 각기 나름의 장단점을 갖고 있으며, 고대부터 중세사회에 이르기까지 인류가 경제 문제를 해결하기 위해 사용한 주된 방식이었다.

3 역서(장상환, 2008) 인용.

시장

경제 문제를 해결하는 최신의 방식은 사회의 시장체제(market system)에 의한 것이다. 시장의 방식은 전통이나 명령에 의존하는 정도를 최소화하면서 생산과 분배의 문제를 해결한다.[4] 이익을 얻으려는 동기가 과업 수행을 보장하며, 개개인의 자유로운 이익 추구가 경제 문제의 해결이라는 결과를 도출한다(Heilbroner, 1999). 현대사회에서는 시장을 통한 경제 문제 해결이 일반적이어서 실감하기가 어렵지만, 가상의 사례(Heilbroner and Milberg, 2011)[5]를 보면 시장의 경이로운 작동을 느껴볼 수 있다.

> 어느 나라가 전통적인 방식에 꽁꽁 묶여 오랜 역사를 보내오다가 새로운 변화를 모색하게 되었는데, 그 나라의 경제 고문이 되어 달라는 부탁을 받았다고 가정해보자.
> "우리 사회가 성공적으로 기능하도록 운영할 만한 방식이 있나요? 새롭고 발전적인 방식이면 좋겠습니다."
> "있습니다. 시장경제의 노선에 따라 사회를 조직하면 됩니다."
> "알겠습니다. 그러면 사람들에게 무얼 하라고 할까요?"
> "시장경제에서는 그 누구도 강제로 작업을 배당받지 않습니다."
> "사람들 스스로 결정하도록 내버려둔다는 말인가요? 사람들이

4 "'시장경제'에서는 서로 다른 경제주체의 다양한 계획이 시장 경쟁을 통해 유기적으로 연결되고 조직된다(유시민, 2002)."

5 역서(홍기빈, 2011) 수정 인용.

제대로 된 결정을 내리지 않으면 어떡합니까?"

"그런 일은 벌어지지 않습니다. 시장경제에서는 사람들이 다양한 일자리를 갖게 됩니다. 그것이 모두에게 이익이고, 따라서 모든 일자리가 채워지게 됩니다."

"말씀하신 대로 국민들이 원하는 대로 하도록 내버려둔다고 합시다. 그러면 구체적으로 생산은 어찌 됩니까? 시장사회에서 생산량은 어떻게 결정할 수 있지요?"

"결정하지 마십시오."

"도대체 시장이라는 게 뭐기에 이렇게 엄청난 일들을 해낸다는 겁니까? 시장은 누가 운영합니까?"

"아무도 시장을 운영하지 않습니다. 시장은 스스로 운영합니다. 시장이라고 할 만한 실체가 존재하는 것도 아닙니다. 그건 그냥 사람들이 모여 행동하는 방식을 묘사하기 위해 쓰는 단어일 뿐이죠."

"하지만 앞에서는 사람들이 자기들 스스로 원하는 대로 행동하는 것이라고 하셨잖아요?"

"맞아요. 하지만 걱정하지 않으셔도 됩니다. 그들은 그들이 하기를 바라는 당신의 방식대로 행동하기를 원할 테니까요."

"미안하지만 이건 시간낭비인 것 같습니다. 우리는 당신이 무언가 진지한 제안을 할 줄 알았어요. 들어보니 당신의 제안은 조금도 생각해볼 가치가 없네요. 당장 나가시오!"

시장경제에서는 사회적 후생을 책임지는 사람이 없어도 경제주체 각자가 분산된 의사결정 과정에서 자기 이익을 추구하며 경제활동을 전개한다. 그럼에도 불구하고 시장경제는 온갖 경제활동을 유기적으로 조직화하여 번영을 촉진시키는 가장 유효한 수단이라는 사실이 역사적 경험을 통해 입증되었다(Mankiw, 2019).

전통에 의해 경제 문제를 해결하는 사회는 인류학이나 사회학의 연구 대상이 되고, 명령에 의존하는 사회는 정치학의 관심 대상이 된다. 이와 달리 경제학의 관심 대상은 시장의 방식으로 생산과 분배 문제를 해결하는 사회다.[6] 이 사회는 전통이나 명령 방식에 의존하는 사회보다 생산과 분배 체계의 성격이 분명하게 드러나지 않으므로 올바로 이해하려면 경제(학)적 지식이 필요하다.

지금까지 경제(학) 일반에 대해 알아보았다. 이어지는 3장에서는 인류의 경제사를 돌아볼 것이다. 인류의 기원부터 현재까지 경제의 역사를 살피고, 시장사회의 출현 과정과 최근 500년의 경제성장 흐름을 짚어보려고 한다.

6 "이렇게 생존문제 해결책이 역설적이고 오묘하며 어려워지게 되자 경제학자가 필요하게 되었다. 관습과 명령이 가진 단순성과는 달리 각 개인에게 자신의 이익만을 추구하도록 하면서 사회가 실제로 잘 유지될 수 있을지 확신할 수 없었기 때문이다. (…) 세계는 관습과 명령이라는 안락한 틀 속에서 잘 지내왔던 것이다. 안락한 틀 대신 시장체제의 의심스럽고 혼란스러운 작동에 의존해서 경제생활을 해나가기 위해서는 혁명 못지않은 변화가 필요했다(Heilbroner, 1999)." 역서(장상환, 2008) 인용.

3장

경제사

Economic Mind

역사는 현재에 영향을 미치므로 언제나 중요하다. 경제를 이해하는 데서도 역사적 고찰은 필요한데, 기존의 경제학 이론의 한계를 살피거나 기본 가정에 의문을 제기할 수 있는 기회를 제공하기 때문이다. 이뿐만 아니라 인간을 대상으로 하는 경제정책의 시행 과정에서 실수를 최소화하기 위해 경제사를 살피는 것은 최소한의 도덕적 의무다.*

* 3장의 주요 참고문헌은 로버트 앨런(Robert Carson Allen)의 《세계 경제사(Global Economic History: A Very Short Introduction)》, 로버트 하일브로너(Robert Louis Heilbroner)와 윌리엄 밀버그(William Milberg)의 《자본주의 어디서 와서 어디로 가는가(The Making of Economic Society)》이다.

3.1

경제의 시작

인류의 기원은 약 700만 년 전으로 추정된다(Sahelanthropus). 약 400만 년 전 오스트랄로피테쿠스(Australopithecus)가 초창기적 직립보행을 시작했고, 약 250만 년 전 호모 하빌리스(Homo Habilis)가 최초의 도구를 만들었다. 약 150만 년 전에는 호모 에렉투스(Homo Erectus)가 과도기적 직립보행을 시작하고, 불을 발견했으며, 좀 더 다양한 도구를 만들었다. 약 13만 년 전, 마침내 현생 인류인 호모 사피엔스(Homo Sapiens)가 언어를 사용하기 시작했다.

고고학자들은 현생 인류의 정착생활과 교역의 증거를 확인한 시점을 3만 5,000년 전쯤으로 보고 있으며, 인류학자들은 이러한 생활양식을 수렵·채집 생활이라고 부른다. 수렵·채집 생활은 3만 5,000년 전과 정착 농업이 시작된 1만 년 전 사이에 자리를 잡은 것으로 본다(Diamond, 1997; Beinhocker, 2006).

그렇다면 인류 경제의 역사는 언제 시작되었을까? 경제학자들은 최초의 도구가 만들어진 시점을 기점으로 250만 년 전을 그 시점으로 잡는다. 엄밀히 말한다면 다양한 도구의 제작과 정착 생활, 교환 또는 거래 활동의 증거를 근거로 3만 5,000년 전으로 볼 수도 있다. 그렇지만 우리의 목적은 정밀성보다는 가능성을 확인하는 것이므로 인류 경제의 역사를 250만 년이라고 해도 무방할 것이다.

경제사에서 소득의 변화를 살펴보는 것도 흥미롭다. 경제학자들의 추산에 따르면, 인류 경제 역사의 시점별 1인당 연평균 소득은 다음과 같다.

1만 5,000년 전 수렵·채집 경제는 약 90달러, 3,000년 전 고대 그리스 경제는 약 150달러, 1750년경에는 약 180달러다.[1] 인류 경제사의 시점인 250만 년 전의 소득을 0달러로 놓고 각 시기의 소득을 시간의 흐름에 따라 그려보면 놀라운 사실을 확인할 수 있다. 경제가 선형적이 아닌 비약적 형태로 성장했다는 것이다. 약 1만 달러인 현재의 소득으로 성장하는 데 250만 년 대부분이 소요되었으며, 전체 기간 중에서 0.01%의 기간(1750년경 이후부터

1 브래드퍼드 드롱(James Bradford DeLong, 1960~)의 추정치로 Beinhocker(2006)에서 재인용.

현재까지)에 성장의 약 98%가 이루어졌다.

우리는 지금 그야말로 엄청난 변화의 소용돌이 속에서 살고 있는 것이다.

3.2

시장사회 이전

선사시대 이후 역사시대 인류의 경제사는 시장사회(market society)의 출현 이전과 이후로 나눌 수 있다. 시장사회란 인간의 경제적 문제가 시장에서의 교역을 통해 해결되는 체제를 말한다. 고대와 중세에도 시장이 존재하기는 했지만, 당시의 시장은 사회의 기본적 활동을 조직하는 중추 역할을 한 것이 아니고 생산 및 분배와 관련한 보조 수단에 불과했다.

시장사회가 출현하려면 3가지 변화가 필요하다(Heilbroner and Milberg, 2011).

첫째, 자유로운 이윤추구가 경제활동의 기본 토대가 되어야 한다. 그러기 위해서는 신분사회(society of status)에서 계약사회(society of contract)로 전환이 요구된다.

둘째, 경제생활의 화폐화가 필요하다. 교환의 활성화를 위해서는 교환의 매개인 화폐 사용의 일반화가 필요하다.[2] 이를 위해 노동의 대가가 화폐로 지급되어야 한다.

셋째, 전통과 명령이 아닌 시장에 의해 경제 문제가 해결되어야 한다. 이 변화는 첫째와 둘째 조건이 충족되어야만 완성될 수 있다.

고대와 중세에서는 이러한 3가지 변화가 완성되지 않아 시장사회가 출현하지 못했다.

고대사회

고대사회의 생산은 영세농업(peasant farming)에 의존하고 있었다. 농민(peasant)은 대부분 소작농(tenant farmer)으로 능동적 경제주체가 아니었다. 고대에도 도시가 존재했지만, 생산의 중심지라기보다는 소비의 중심지였고, 노예노동이 일반적인 노동 형태였다.

고대사회는 성직자와 군인 같은 지배계급이 우월한 지위를 누리는 사회로, 권력이 경제적 부에 따라오는 것이 아니라 경제적 부가 권력의 결과물이었다. 그러므로 삶의 경제적 측면이 정치적 측면에 종속되어 있었다고 할 수 있다.

2 화폐는 ① 가치척도(measure of value), ② 가치저장(store of value), ③ 교환매개(medium of exchange) 수단으로 경제활동을 촉진한다(김동옥, 2021).

중세사회

유럽의 중세사회는 로마제국에 의해 유지되던 사회질서가 5세기경 해체되는 과정에서 시작되어 15세기 르네상스의 시작과 함께 마감되었다. 로마제국이 제공하던 안전보장이 와해되자 교역은 감소하고 도시생활은 침체되었으며 자급자족적 경제생활로 후퇴하게 되었다. 이처럼 사회조직 규모의 축소, 경제생활의 고립성을 특징으로 하는 당시의 사회·정치적 질서양식을 봉건제(feudalism)라고 한다.

봉건제하에서 경제조직의 기본 단위는 자급자족을 목적으로 하는 정태적인 장원(manorial estate)이었다. 영주(feudal lord)가 정치·경제·사회적 권력의 중심에 섰고, 농노(serf)들은 영주에 예속되었다. 농노들이 제공하는 공물의 대가로 영주들은 안전을 보장했다.

장원과 병렬적으로 도시도 명맥을 유지하고 있었다. 장원에서의 규율은 '예로부터의 관습(ancient customs)'이었지만, 도시에서는 '상인법(law of merchant)'이 경제활동을 규제했다. 장원에서는 독립적 사업 단위가 존재하지 않았지만, 도시에서는 길드(guild)라는 장인(master)들의 조합이 경제활동의 규제기관 역할을 담당했다. 길드는 사회적 사업 단위로서 현대의 영리기업과 달리 증산을 목적으로 하지 않고 안정 및 질서를 유지하고 보존하는 기능을 추구했다.

3.3

—

시장사회

정태적 경제생활을 특징으로 하는 중세 봉건제사회는, 지역별 편차가 아주 크지만, 10세기 이후 여러 세기에 걸친 변화로 안정성이 무너지며 시장사회의 출현을 맞이했다. 이로써 인류의 경제활동은 다른 사회활동으로부터 분리되어 독자적 모습을 갖추게 되었다.

변화의 주역들

시장사회로 변화를 추동한 요인들은 다음과 같다 (Heilbroner and Milberg, 2011).

첫째, 유랑상인(itinerant merchant)과의 교역을 통한 경제적

네트워크의 형성. 장원에서 낙오되거나 도망친 유랑상인들이 고립된 장원들을 오가며 상품 교역을 벌이면서 상업에 대한 새로운 자극을 일으키고 고립된 경제체제 간의 상호의존성을 제고했다. 유랑상인들의 활동 장소인 정기시(fair)는 일정한 시기와 장소에서 열리던 유랑시장이었다.

둘째, 도시화(urbanization)로 인한 새로운 교역 중심의 확대. 유랑상인들의 활동 결과, 새로운 촌락과 도시가 만들어졌다. 장원으로부터 독립된 도시의 확대는 새로운 사회 및 경제 질서의 확립을 야기했다. 성장하는 도시들은 스스로 세력을 키워갔고, 중세사회의 화폐화 및 상업화를 자극했다.

셋째, 십자군(the Crusades)의 영향에 따른 새로운 사상의 도입. 십자군전쟁에 따른 동방과의 접촉으로 영리활동에 활발한 세련된 상업문화를 만날 수 있었다. 이에 따른 충격이 중세 유럽의 경제적 전환에 가속도를 부여했다.

넷째, 국민국가(national states) 발흥에 따른 경제생활의 상업화. 로마제국의 몰락 이후 중앙권력의 부재하에 파편화되었던 유럽은 16세기에 이르러 중앙의 왕권을 중심으로 현재의 모습과 유사한 수준의 국민국가들이 형성되기 시작했다. 이와 함께 시장의 규모가 확대되고, 중앙정부에 의해 산업 및 상업의 발전이 시도되었다.

다섯째, 탐험시대(또는 대항해시대, Age of Exploration)를 거치며 상업사회로 전환. 중앙권력의 지원으로 계획적인 원거리 탐험이 가능하게 되었고, 신대륙의 귀금속이 유입되면서 경제가 활력을 얻었다. 또한 유럽은 16세기 이후 시작된 식민지 건설로 상업사회를 향한 강력한 동력을 갖추게 되었다.

여섯째, 칼뱅주의(Calvinism) 확산에 따른 이윤추구의 정당화. 현세를 무시하고 내세를 중시하던 중세의 가톨릭 교리는 교역과 상업을 천시하는 사회적 분위기를 주도했다. 그에 반해 세속적 삶에 성스러운 가치를 부여하는 칼뱅주의는 상업을 중시하고 이윤추구를 장려하는 종교적 분위기를 마련해주었다. 검약의 미덕을 강조하는 프로테스탄트 윤리(Protestantism)는 사람들의 저축과 투자를 합리화했고, 그 결과 성장과 부의 추구에 대한 정당성이 강화되었다.

일곱째, 화폐화(monetization) 및 장원의 몰락. 앞의 요인들이 작용하여 교역의 활성화 및 화폐 사용의 증가를 불러왔다. 이로써 현물 공납에 의존하던 장원은 몰락의 길을 걷게 되었고, 부를 축적한 상인 계급의 영향력이 크게 성장했다. 비로소 시장사회가 출현하게 된 것이다.[3]

3 여섯째 요소와 관련해서, 르네상스(Renaissance)시대의 회의적(skeptical)·탐구적(inquiring)·인본주의적(humanistic) 세계관의 영향으로 중세의 반상업주의적 종교정신이 쇠퇴하면서 이윤추구 정당화의 배경이 성립되었다. 일곱째 변화의 주역과 관련해서, 합리적인 회계법(rational money accounting)의 발달이 화폐화를 촉진했다. 전반적으로 과학적 호기심(scientific curiosity)의 증대가 산업혁명의 터전을 마련했다(Heilbroner, 1999).

시장경제의 출현

경제생활의 화폐화는 경제활동을 다른 사회활동과는 분리된 독자적 영역으로 만들었다. 관습에 따른 생활에서 경제적 동기에 의한 삶으로 변화시킨 것이다. 경제 문제를 해결하는 보조적 수단에 불과하던 화폐가 16세기 이후 경제생활의 중심에 자리를 잡으면서 시장경제가 본격 출현하게 되었다.

시장경제(market economy)에서 새롭게 등장한 개념은 생산요소(factors of production)다. '토지(land)', '노동(labor)', '자본(capital)'으로 구성된 생산요소는 시장사회 이전에는 존재하지 않았던 개념이다.

하지만 이 단계에서 알아두어야 하는 것은, '토지', '노동', '자본'이 어느 사회조직에서나 항상 존재하는 것들이 결코 아니라는 점이다. 물론 토양, 인간의 노고, 생산에 투입되는 인공물들은 어느 시대에서나 생산과정을 구성하는 것들이지만, 이 세 가지를 이렇게 서로 다른 것으로 깨끗이 가르는 것은 시장사회에서만 특징적으로 볼 수 있는 형태이다. 시장경제 이전에는 토지, 노동, 자본은 모두 노예와 농노 혹은 영주와 길드 장인이라는 존재 속에 서로 불가분하게 뒤엉켜 있었으며, 일정한 가격에 제공되는 특정한 경제적 기능의 체현물 따위로서 제각각 생산과정에 들어오는 것이 아니었다. 노예는 '노동자(worker)'가 아니었고, 길드 장인은 '자본가(capitalist)'가 아니었으며, 영주는 '지주(landlord)'가 아니었다. 노동이 판매되고 토지가 임대되고 자본이 자유로이 투자되는 세상으로 사회체제가 진화한 뒤에야 비로소 경제학의 여러 범주들이 나타나게 되었던 것이다(Heilbroner and Milberg, 2011).[4]

토지는 명예를 상징하는 정치적 권력의 핵심에서 시장 가격이 매겨지는 객체로 바뀌었다. 이러한 변화는 울타리치기(enclosure)[5]로 불리는 과정을 겪으며 더 강화되었다. 중세 봉건시대의 공동 목초지가 당시 최고의 수익사업인 양모를 얻기 위한 방목지로 탈바꿈되면서 농노들은 쫓겨났다. 토지가 이윤추구를 위한 생산요소가 된 것이다.

노동은 이제 더 이상 사회적 · 관습적 의무가 아니라 시장에서 가격을 지불하고 구입하는 '상품(commodity)'이 되었다. 이를 추상적 노동(abstract labor)이라고 한다.[6] 길드의 이윤추구로 인해 쫓겨난 이들과 추방된 농노들이 프롤레타리아(proletariat)라는 무산(無産) 노동계급을 형성했다.

화폐를 자본으로 전화시키기 위해서는, 화폐소유자는 상품시장에서

4 역서(홍기빈, 2010) 인용.

5 15세기 영국에서 모직물 수요가 늘어나면서 발생한 공유지의 사유지화 현상이다. 공동 이용이 가능한 미개간지나 공유지에 울타리를 침으로써 농경지를 양모 생산을 위한 목장지로 전환시켰다.

6 "자본제사회에서 노동력은 상품이 된다. 하지만 정확히 말하면 노동력이 상품으로 되는 것이 아니라 노동력이라는 개념(노동과는 구별된다) 그 자체가 이미 상품 형태의 분석에서 나온 것이다. 따라서 노동력이 상품이라는 것은 동어반복에 불과하며, 중요한 것은 그러한 상품의 소유자가 역사적으로 등장했다는 데 있다(가라타니 고진 지음, 김병화 옮김, 2012)."

자유로운 노동자를 발견하지 않으면 안 된다. '자유로운'이라는 말은 그가 자유로운 인격으로 자신의 노동력을 자기 자신의 상품으로 처리할 수 있다는 것, 한편 그가 남에게 파는 상품이 아니라 그 자신의 노동력을 실현시키기 위해 필요한 모든 것으로부터 자유라는(자유를 결한 것), 이 이중의 의미에서이다.[7]

재산은 귀금속 등과 같이 유형의 부라는 개념에서 이윤추구 효력이 강조되는 추상적 의미로 진화하면서 자본이라는 새로운 이름을 갖게 되었다. 이제 자본은 화폐 가치로 표현되고 측정되며, 성장을 목적으로 하는 투자라는 과정을 거치며 축적될 수 있었다. 자본의 축적을 자본투자(capital investment)라고 한다.

시장경제체제는 훗날 카를 마르크스(Karl Heinrich Marx, 1818~1883)에 의해 자본주의(capitalism)라는 이름을 갖게 된다. 자본주의의 필수요소는 이윤동기(profit motive)이며, 이를 충족하기 위해 생산요소라는 개념이 등장했다. 자본주의의 핵심 특징은 임금노동(wage labor)이고, 이를 표시하는 증거가 임금계약(wage contract)이다. 이로써 노동력(labor force)이 출현하게 되었다.

7 마르크스의 1867년작 《자본론(Das Kapital)》 제1권(정치경제학 비판, Kritik der politischen Ökonomie)의 내용으로 재인용(가라타니 고진 지음, 김병화 옮김, 2012). 괄호 안의 표현(자유를 결한 것)은 노동력 외에는 팔 것이 없다는 뜻이다.
《자본론》 제2권과 제3권은 마르크스 사후 그의 조력자 프리드리히 엥겔스(Friedrich Engels, 1820~1895)에 의해 각각 1885년, 1894년에 출간되었다. 제4권(속편 또는 부록)은 1910년 카를 카우츠키(Karl Kautsky, 1854~1938)가 마르크스의 초고를 정리하여 출간했다.

3.4

경제성장의 역사

이제는 시선을 유럽 밖으로 확대하여 전 세계적으로 잘사는 나라와 못사는 나라의 역사적 변화의 동적 과정을 살펴보려고 한다. 경제성장의 시작부터 현재까지의 여행을 마치고 나면 본격적인 경제학 공부를 위한 시간적 지평을 갖출 수 있을 것이다.

대분기, 잘사는 나라와 못사는 나라를 가르다

잘사는 나라와 못사는 나라의 간격이 벌어지기 시작한 시점은 대략 1500년경이다. 대분기(great divergence)인 그때부터 지금까지의 약 500년은 세 시기로 나누어볼 수 있다(Allen, 2011).

첫 번째는 16세기에서 18세기의 중상주의(mercantilism)시대다. 대항해시대(또는 대발견시대, Age of Discovery)와 겹치는 이 시기는 유럽 강대국들의 식민지 개척으로 특징지을 수 있다. 바로 유럽의 경제력이 다른 지역을 앞서게 되는 출발점이었다.

두 번째는 19세기 추격(catch-up)의 시대다. 추격자들이 선도 국가인 영국을 따라잡기 위해 경제성장에 주력한 시기다. 그들이 사용한 방법은 경제발전을 위한 4가지 표준정책(① 역내관세 철폐를 통한 시장 확대, ② 자국의 산업 보호를 위한 역외관세 도입, ③ 통화 안정을 위한 은행 설립, ④ 노동생산성 제고를 위한 대중교육 확립)으로 정리할 수 있다. 미국과 서유럽은 영국을 따라 잘사는 나라가 되었고, 아시아, 아프리카, 남아메리카 대부분의 국가들은 여전히 못사는 나라로 남아 있었다.

세 번째 시기는 20세기 이후의 시대다. 추격의 시대에 성공적이었던 경제발전 표준정책은 더 이상 효과적이지 못했다. 그럼에도 이 시기에 서구와의 격차를 좁힌 국가들의 경제발전전략은 빅푸시(Big Push)[8] 산업화였다. 이는 계획과 조정에 기초한 기술개발을 통한 생산성제고전략이다. 이 시기에 추가적으로 잘사는 나라의 대열에 합류한 국가들은 동아시아 국가들뿐이었다. 2차 세계대전 이후 일본이 잘사는 나라의 대열에 합류했고, 20세기 후반에는 한국 경제가 비약적으로 발전했다. 20세기 말부터는 중국이 성장의 길로 들어섰다.

중국이 앞으로도 급속한 성장을 변함없이 이어간다면 1500

8 빅푸시이론('Big Push Model' theory)은 폴 로젠스타인 로댄(Paul Rosenstein-Rodan, 1902~1985)에 의해 주창되었다.

년경부터 시작된 서구 중심의 경제발전으로 시작된, 잘사는 나라와 못사는 나라의 대분기가 막을 내리고 새로운 역사의 순환이 시작될 것이다.

영국의 선도

16세기에 벌어진 유럽 강대국들의 식민지 쟁탈전에서 초기의 승자는 포르투갈과 스페인이었다. 17세기에는 사기업을 이용한 제국주의(imperialism)의 새로운 방법 운용으로 영국과 네덜란드가 초기의 승자들을 압도하기 시작했고, 결국 영국이 네덜란드를 물리치게 되었다.

영국은 식민지와의 교역 확대로 제조업이 발전했다. 당시에 도시화가 가장 강렬하게 진행된 국가가 영국이었고, 이에 따라 영국은 가장 임금이 높은 나라가 되었다. '고임금경제(high-wage economy)', 이것이 영국이 앞서가게 된 가장 근원적인 이유가 되었다.

16세기에서 17세기까지 서구의 발흥에서 경제발전의 양태는 다음과 같은 전개를 보였다(Allen, 2011).

첫째, 도시화와 제조업의 성장이 노동 수요를 증가시켜 임금을 인상시켰다.

둘째, 고임금경제는 식량 제공을 위한 농업 생산성 향상,

즉 농업혁명을 야기했다.

셋째, 도시화는 에너지 수요를 증가시켜 에너지 사용량 증대, 즉 에너지혁명을 불러왔다.

넷째, 고임금경제는 노동숙련도 형성을 촉진했다.

영국은 우월한 조세 징수 능력을 바탕으로 강한 해군력을 유지했고, 이를 기반으로 제국주의의 선봉에 서게 되었다. 제조업의 발전과 동시에 도시화가 급격히 진행되었다. 이는 임금상승을 불러왔고, 숙련된 노동자들이 공급되었다. 풍부한 석탄매장량과 광산업의 발전으로 에너지 가격이 인하되었고, 높은 임금과 낮은 에너지 가격은 기술 혁신을 추동했다. 노동이라는 비싼 생산요소 대신 값싼 자본의 사용을 늘리는 것이 이윤추구 동기를 충족하는 합리적 선택이었다. 산업혁명(Industrial Revolution)은 그렇게 영국에서 시작되었다.

서유럽과 미국의 추격

영국에서 높은 임금과 낮은 자본비용은 노동에서 자본으로 생산요소 투입 변경을 촉진함으로써 기계화 및 산업화를 불러왔다. 계속된 기술 발전은 2가지 결과를 빚어냈다. 첫째, 지속적인 기계화로 노동 수요가 감소하여 영국과 후발 국가의 임금 수준 격차를 축소시켰다. 둘째, 기술 발전이 지속되어 상대적으로 자본

비용이 높은 국가에서도 노동 대신 자본 투입을 증가시키는 기계화가 이익이 되는 수준까지 이르게 되었다.

영국의 엄청난 기술 발전은 산업혁명의 바람을 다른 국가들로 불어가게 하여 그들의 산업화를 자극했다. 이에, 앞서 언급했지만, 영국의 성공을 모방하는 정책 묶음이 추격의 도구로 사용되었다(Allen, 2011).

첫째, 시장 확대를 위하여 역내관세를 철폐하고, 교통 개선을 도모했다.

둘째, 영국과의 격차로부터 자국의 유치산업(infant industry)을 보호하기 위하여 역외관세를 도입했다.

셋째, 안정적 화폐 거래 및 기업의 투자지출 지원 목적으로 은행시스템을 구축했다.

넷째, 기술 혁신과 생산성 향상을 위하여 대중교육을 실시했다.

수백 개의 정치 단위로 분리되어 있던 독일은 관세동맹을 형성하여 역내관세를 철폐하고 역외관세를 도입했다. 19세기 초반 네덜란드에서, 19세기 중반 프랑스에서 산업화를 위한 자금지원 목적의 은행이 설립되었다. 이 밖에도 독일을 비롯한 서유럽 국가들은 철도망을 구축함으로써 교역 활성화의 기초를 닦고, 훌륭한 대학교육체계를 갖추어 기술 개발을 독려했다.

미국도 초대 재무장관인 알렉산더 해밀턴(Alexander Hamilton, 1757~1804)의 영향력으로 서유럽 국가들과 유사한 전략을 추진했다. 해밀턴은 시장 확대를 위한 교통 개선, 통화 안정과 신용 공급을 위한 국립은행 설립, 유치산업 보호를 위한 관세 도입을 주장했다. 또한 식민지시대부터 이루어진 대중교육의 진보가 미국의 산업화를 촉진했다.

영국에서 산업혁명의 중심에 섰던 면방직업, 제철업 등의 주요 산업들이 19세기 중반에는 서유럽 국가들에서도 수익성을 갖추게 되었다. 그 결과, 1차 세계대전 이후 서유럽 국가들과 미국의 제조업 경쟁력이 영국을 따라잡았다.

동아시아 경제성장

20세기 중반 이후에는 유교적 전통을 공유하는 동아시아 국가들이 가장 빠른 성장 속도를 보였다.[9] 이 나라들은 자연자원이 부족한 경우가 대부분이었지만 교육열이 높다는 공통점을 갖고 있었다. "하나의 국가 경제는 사람들이 관리하는 생산, 교환 및 분배의 제도이므로 사람들의 관리 능력이 가장 중요한 요소가 된다고 믿는 바이다." 자연자원은 유한성을 갖는 경제성장 요인이고 종국적으로는 인적자원이 한 국가의 경제적 능력을 결정짓는 것

9 한국, 대만, 홍콩, 싱가포르의 고성장을 일컫는 '동아시아의 기적'이라는 표현이 유행했다(신장섭, 2008).

이다(김대중, 1997).

자연자원 개발이나 소규모 경제체제의 단기간 성장 같은 특수한 경우를 제외하고, 일정 규모 이상인 국가들이 급속히 경제를 발전시킬 수 있는 방법은 유일하다. 바로 빅푸시 산업화다. 이는 전후방 파급 효과가 큰 생산시설과 사회기반시설 등 선진 경제의 모든 발전적 요소를 동시에 건설하는 것이다. 충분한 수요가 있기 전에, 보완투자가 이루어지기 전에 이에 대한 기대에 근거하여 일시에 투자가 이루어져야 한다. 이는 강한 추진력과 신뢰를 요구하므로 계획기구의 조정활동이 필요하다(Allen, 2011).

일본은 자본집약적 기술의 대규모 도입으로 산업의 효율화를 달성하여 가격 경쟁력을 확보하고 고임금경제를 완성했다. 국제무역산업성(MITI, Ministry of International Trade and Industry)이 조정자로서 신용 공급과 외환 배분 권한을 가지고 이 과정에서의 문제를 해결했다.

중국은 1978년 이전에는 계획에 집중하여 도시화 및 산업화를 위한 중공업 육성에 집중했다. 자본집약적 기술과 노동집약적 생산을 결합했다. 1978년 이후에는, 동유럽의 급진적 제도 변화와 달리, 점진적 개혁으로 시장경제 요소를 도입함으로써 사회주의경제시스템의 비효율을 걷어내기 시작했다. 20세기 말부터는 '세계의 공장(the world's factory)'이 되었고, 경제성장률이 가장 높은 나라의 지위를 유지하면서, 1인당 연평균소득 기준으로 상위권은 아니지만 경제 규모로는 세계 2위의 경제 대국이 되었다.

한국의 경제성장

한국은 일본의 방식을 따라 자본집약적 산업을 육성했다. 경제기획원(EPB, Economy Planning Board)을 조정자로 삼아 투자를 계획하고, 유치산업 보호를 위해 수입을 제한하고 수출을 독려했다. 이 과정에서 생산성을 향상시켜 제품 경쟁력을 획득했다. 경제성장정책의 중심에는 제1차(1962~1966년)부터 제7차(1992~1996년)에 이르는'경제개발 5개년계획'이 있었다.

일본은 초기 경제성장전략으로 개량에 기초한 차별화 방식을 선택했고, 한국은 모방에 기초한 비용절감전략에 집중했다. 일본의 전략은 추격의 시기에는 유효하지만 선도의 방식으로는 적절하지 않다. 한국의 전략은 후발 주자의 계속된 도전을 불러왔다. 외국자본 유치에서는 중국의 경우와 비교해볼 수 있다, 한국은 외국인 직접투자 대신 차관(대출) 형태로 자본을 유치하고 자국 기업 위주의 공업화를 추진한 것에 비해, 중국은 공업화 초기 단계에서 외국인 직접투자를 적극적으로 유치하여 초기 성장을 이뤄내고, 이를 통한 내국 자본 육성을 도모했다. 이는 경제 및 시장 규모의 차이에서 비롯된 것으로 이해되며, 궁극적으로는 자국 기업 중심의 자본 육성이 지속적 성장에 필수적임을 보여준다(이근, 2010).

한국의 최대 무역상대국은 1960년대까지는 일본, 1970년대부터는 미국, 2004년 이후에는 중국이 되었다. 중국의 고성장은 일본의 생산 능력 과잉 문제 해소와 한국의 수출주도형 성장 재개에 기여했다. 앞으로도 한국이 중국에 추격당하지 않고 산업 경쟁력을 유지한다면 중국의 고도성장이 한국의 경제성장에 유리한 기회를 제공해줄 수 있을 것이다(송병락, 2010).

한국은 2018년 이후 격화되고 있는 미중 무역전쟁의 틈바구니에서 곤란한 상황에 직면하여 성장 활로를 다각화하는 방향을 모색하고 있다.

다음 장에서는 자본주의의 발전 과정을 살펴볼 것이다. 경제학에 대한 본격적 논의에 앞서 자본주의와 경제학의 밀접한 관련성을 이해하는 것이 필요하다.

4장

자본주의

자본주의는 시장을 통해 경제 문제를 해결하는 시장경제체제의 다른 이름이다. 자본축적, 시장할당, 민간부문과 공공부문의 공존을 특징으로 하는 자본주의는 16세기경 봉건체제의 몰락과 함께 출현했다. 경제 현상을 바라보고 경제 문제를 분석하는 과정에서 사회의 문화적·제도적 요소들을 적용하려면 자본주의와의 밀접한 관련성에 기초한 경제(학)적 논의가 필요하다. 자본주의는 단순한 경제체제(economic system)가 아니라 사회조직(social regime)이다.

4.1

자본주의

중세 봉건체제가 수세기에 걸쳐 무너져오다가 16세기에 이르러 자본주의가 출현했다. 그와 함께 오랜 시간 정체되었던 사회에 역동성이 부여되었다.

자본주의의 탄생

시장경제, 즉 자본주의는 생산요소라는 개념과 함께 탄생했다. 노동력, 토지, 자본의 거래가 시작되면서 자본주의가 출현했다. 노동력에 대한 임금 지급이 필요 없고, 토지는 매매의 대상이 아니며, 저축과 투자의 흐름을 통한 자본의 축적이 없던 봉건사회가 시장사회로 변화된 것이다.

봉건체제의 붕괴는 농노의 해방과 영주 계급 몰락의 결과다. 울타리치기[1]로 추방된 농노들이 도시를 유랑하며 노동력을 판매하기 시작함으로써 임금노동이 시작되었다.[2] 대항해시대를 거치면서 신대륙에서 유럽으로 막대한 양의 금·은이 유입되면서 물가가 큰 폭으로 올랐다.[3] 이러한 가격혁명(Price Revolution)의 결과로 봉건 영주의 지위가 하락했다. 한정된 세금으로는 생계를 위한 물품을 구매하기에도 벅찼기 때문이다. 도시에서 재력을 키워 가던 상인들은 몰락 영주의 토지를 사들이며 더욱 부유한 세력으로 성장해갔다(Heilbroner and Thurow, 1982).

끊임없는 거래의 흐름 속에서 한순간에 거래의 경향을 정확한 숫자로 나타낼 수 있게 됨으로써 거래 과정은 수학적 통제와 감시를 받게 되었다. 이에 따라 상업은 최고의 고등 학문으로 등장한다. (…) 지금까지 상업은 숫자를 다루는 단순한 학문에 불과했다. 그러나 복식부기에 수학적 개념이 도입됨으로써 상업은 스스로를 비춰볼 수 있는 거울을 갖게 되었다. (…) 복식부기는 르네상스 이전부터 초기까지 유럽 전역으로 확산되었고 사람들은 그것을 자본주의의 탄생으로 보았다(Strathern, 2001).[4]

1 3장 3절(54쪽) 참조.

2 "자본제사회는 상품경제가 노동력이라는 상품을 그 속에 포섭하였을 때 비로소 성립한다(가라타니 고진 지음, 김병화 옮김, 2012)."

3 귀금속 대량 유입의 영향은 다음과 같다. 첫째, 물가상승을 초래했다. 이는 화폐수량설(10장 3절(245쪽) 참조)의 초기 현상이었다. 둘째, 거래량 증가를 야기했다. 셋째, 정부의 관심이 금·은 보유량 확대에 집중되었다. 이는 중상주의 사상과 정책의 핵심을 구성했다(Galbraith, 1987).

4 역서(김낙년·천병윤, 2002) 인용.

은행업의 발전에 영향을 준 수학적 요인들은 자본주의의 출현과도 관련이 있다. 12세기경 '0'을 포함한 인도의 기수법이 유럽에 전래되었고,[5] 13세기 초 레오나르도 피보나치(Leonardo Fibonacci, 1170~1250)의 영향으로 상업부기의 기초가 마련되었으며[6], 16세기 초 루카 파치올리(Lucaa Pacioli, 1445~1517)의 공헌으로 복식부기가 유럽 전역에 전파되어[7] 현대적인 가격체계의 기초가 마련되었다(김동옥, 2021).

자본주의의 특징

자본주의 이전 사회에서는 사유재산제도나 시장체제가 없었고 경제생활이 정체되어 있었다. 자본주의와 이전의 사회체제를 구분하는 가장 큰 특징은 임금노동이라고 할 수 있다. 노동자가 자유롭게 노동력을 판매한다는 것은 시장체제에서만 가능한 일이기 때문이다. 이로써 관습과 전통에 의해 직업이 대물림되던 시기의 정체된 사회가 변화를 겪게 되었다. 자유로운 노동력 판

5 11세기 이후 십자군원정 등을 계기로 인도의 기수법이 '아라비아수'라는 이름으로 유럽에 흘러들었다(요시다 요이치, 정구영 옮김, 2002).

6 1202년작 《계산방법론(Liber Abaci)》, 분수 계산과 현금흐름할인 계산법까지 설명하고 있다(Ferguson, 2008; 이찬근, 2011).

7 1494년작 《산술, 기하, 비율 및 비례 총람(Summa de Arithmetica, Geometrica, Proportion et Proportionalita)》, 최초의 언급은 아니지만 복식부기를 쉽게 포괄적으로 설명하고 있다(Strathern, 2001).

매라는 경제적 자유가 행복만 가져다준 것은 아니었다. 자유로운 직업 선택은 동시에 생계를 위해 끊임없이 노동력을 판매해야만 하는 고통스러운 상황의 시작이기도 했다(Heilbroner and Thurow, 1982).

시공간적 특수성에도 불구하고 공통적으로 발견할 수 있는 자본주의의 3가지 특징이 있다. 사회정치적 특징(자본축적 추구), 조정상의 특징(시장경제), 운영상의 특징(공공영역과 민간영역의 공존)은 자본주의를 다른 사회체제와 명확히 구분할 수 있게 해준다(Heillbroner and Milberg, 1995).

첫 번째 특징인 사회정치적 특징은 자본축적(capital accumulation)이다. 사회체계를 이해하는 출발점은 지배계급의 권력 유지 방식을 살피는 것이다. 자본은 부(wealth)와 마찬가지로 권력의 상징이지만, 수동적인 부와 달리 역동적 성격을 갖는다. 자본가는 화폐자본으로 생산요소를 구입하여 상품을 생산하고 이를 시장에 판매함으로써 더 많은 화폐자본을 소유하게 된다, 이러한 G-W-G'(단 G<G' 또는 G'=G+△G)[8] 과정의 무한 반복으로 가치 증식을 추구한다.

8 카를 마르크스(Karl Heinrich Marx)의 자기 확장적 자본축적 과정인 화폐(Geld)-상품(Ware)-화폐'(Geld')를 뜻한다. "여기에서 중요한 것은 W-G', 요컨대 상품이 팔리는가 아닌가 하는 '목숨을 건 비약'이다(가라타니 고진 지음, 김경원 옮김, 2010)."

두 번째는 조직적 특징인 시장할당(market rationing)[9]이다. 전통과 명령이 아니라 시장에서의 경쟁을 통한 생산의 조정과 분배의 규제를 가리킨다. 시장의 장려와 억제를 통한 경제 문제 해결이라는 두드러진 특성으로 자본주의는 시장경제체제라고도 불린다.

세 번째는 행정적 특징인 이중 영역(dual realm)이다. 자본주의는 사회를 이끌어가는 임무를 2개의 권위에 맡긴 최초의 사회체제다(Heilbroner, 1999). 자본주의 질서의 형태는 민간영역과 공공영역이라는 이중 영역으로 분리되어 있다. 공공영역은 권력의 소재지로서 기능하고, 민간영역은 경제 문제를 해결하는 장이다. 이러한 이분화로 발생하는 긴장관계는 자본주의에 역동성을 부여한다.

9 '배분(allocation)'과 '분배(distribution)'는 '몫을 나누다'라는 동일한 사전적 의미를 갖지만, 경제학적 논의에서는 쓰임의 차이가 있다. 배분은 자원배분(allocation of resources)과 같이 생산 이전의 단계에서, 분배는 소득분배(income distribution)와 같이 생산 이후의 단계에서 주로 사용된다. 시장을 통해 경제 문제를 해결하는 자본주의체제의 조정상의 특징을 논할 때는 생산의 문제 해결과 관련되는 자원배분과 분배의 문제 해결과 관련되는 소득분배를 함께 뜻하게 된다. 그래서 생산을 조정하고 분배를 규제하는 시장의 기능을 지칭할 때 '시장배분'이라는 용어와 '시장분배'라는 용어가 혼재되어 쓰인다. 이 책에서는 시장을 통한 배분과 분배의 기능을 의미할 때는 '시장할당'이라는 용어를 사용한다.

4.2

자본주의 약사

자본주의의 개념에 이어 500여 년의 자본주의 역사를 간략히 돌아보려고 한다. 이는 3장에서 밝힌 바와 같이, 경제(학)적 논의에서 경제사를 살피는 도덕적 의무를 충실히 하는 일이다.[10]

자본주의 여명기: 1550~1820

자본주의는 16~17세기경 영국과 네덜란드에서 탄생했다. 사회 · 문화적 경향이 합리적 사고의 추구로 변하면서 과학의 발전 및 지식의 체계화가 이루어졌다. 이것이 기술 혁신을 초래했고 이윤추구 동기와 결합하여 생산량을 증가시켰다. 생산량이 증가

10 여기서 기술하는 자본주의 약사는 장하준(1963~)이 쓴 《장하준의 경제학 강의(Economics: The User's Guide)》를 중심으로 인용, 정리한 것이다(Chang, 2014).

하면서 전문화가 심화되고 생산성 향상을 이끌었다. 생산량 증가와 생산성 향상은 서로를 강화하며 선순환 구조를 형성했다. 이러한 자본주의적 생산 방식에 맞추어 유한책임회사와 은행제도 등의 새로운 제도가 도입되었다.

자본주의가 특별히 유럽에서 발생한 이유는 로마제국의 붕괴와 관련이 있다. 제국의 해체 후 수많은 도시들이 왕이나 영주의 지배로부터 자유롭게 독자적인 경제 중심지로 성장하면서 강력해질 수 있었다(Heilbroner and Thurow, 1982).

자본주의 성장기(1): 1820~1870

1820년경부터 경제성장 속도가 혁명적으로 빨라졌다. 그래서 산업혁명이라고 부른다. 이 기간 동안 서유럽의 1인당 연평균 소득은 1% 성장률을 보였다. 지난 300년간의 성장률인 0.14%와 비교하면 엄청난 속도다.

그렇지만 개인의 삶은 비참했다. 생산의 기계화로 전통적 숙련공들은 직업을 잃었고, 과도한 이윤추구로 노동환경은 열악했다. 이에 반자본주의운동이 일어났다. 기계화에 반대하는 러다이트운동(Luddite Movement)이 벌어지고, 마르크스가 유토피아적 사회주의자(utopian socialist)라고 부른 세력인 로버트 오언(Robert Owen, 1771~1858)과 샤를 푸리에(Charles Fourier, 1772~1837) 등을 중심으로 평등한 공동체 건설 움직임이 있었다.

자본주의 성장기(2): 1870~1913

1870년경부터 노동자들의 사정이 나아지고 성장이 가속화되었다. 과학과 공학의 체계적 적용으로 개발된 기술은 모방과 개선을 용이하게 만들었다. 또한 이동조립체계와 호환 가능한 부품의 사용으로 생산성이 극적으로 향상되면서 대량생산시스템(mass production system)이 발명되었다.

기술적 발전과 더불어 현대적 자본주의제도가 구축되었다. 유한책임회사, 중앙은행, 복지제도, 노동법과 파산법이 제정되었다. 유한책임회사의 일반화와 채무자에게 우호적인 파산법의 제정은 대규모 투자를 불러왔다. 중앙은행 설립으로 경제적 안정성이 제고되었으며, 노동법과 복지제도의 구축은 사회정치적 안정을 가져와 성장을 촉진하는 밑거름이 되었다.

자본주의 파란기: 1914~1945

1914년 발발한 1차 세계대전은 성장을 거듭하던 자본주의에 대한 비관적 전망을 낳았다. 여기에다 1917년 러시아혁명으로 자본주의의 경쟁자인 사회주의가 탄생했고, 1929년의 대공황(Great Depression)은 자본주의 지지자들을 우울증에 빠지게 만들었다. 1939년 발발한 2차 세계대전은 자본주의 성장의 역사에 큰 상처를 남겼다. 처음으로 경제성장률이 음수(-)를 기록했다.

자본주의 황금기: 1945~1973

대부분의 자본주의 국가들은 이 기간에 최고의 경제성장률을 기록했다. 물가상승률도 안정적이었고 실업률도 낮았다. 시장경제와 계획경제를 결합한 혼합경제체제(mixed economy)의 탄생 및 운영의 결과였다. 대공황의 영향으로 정부의 경제 개입에 대한 합의가 이루어지고, 전후 복구 과정에서 정부 역할의 실효성을 인정받았다.

복지정책의 강화는 계층 이동의 장벽을 낮추었고, 이는 자본주의의 정당성을 강화했다. 대공황의 교훈으로 경제안정을 위한 정책과 규제가 시행되면서 경제시스템에 대한 신뢰가 형성되고, 많은 국가의 정부들이 선별적 산업정책(selective industrial policy)을 시행하여 전략 산업을 육성했다. 선도 국가뿐 아니라 개발도상국들도 경제성장 대열에 합류했다.

자본주의 과도기: 1973~1979

1971년 미국은 달러화의 금태환 중지를 선언했다. 국제환율체제는 고정환율제(fixed exchange rate system)에서 변동환율제(floating rate exchange system)로 전환되었고, 2차 세계대전 이후 유지되어온 브레턴우즈체제(Bretton Woods System)는 종료되었다. 이후 환투기가 성행하며 세계 경제는 불안정해졌다(김동옥, 2021).

1973년 1차 오일쇼크(oil shock)와 1979년 2차 오일쇼크의 충격은 자본주의의 황금기에 막을 내렸다. 물가가 상승하고 실업률도 높아지는 스태그플레이션(stagflation)을 맞아 경제안정을 위한 정부 개입의 실효성에 의문이 제기되었다.

자본주의 수난기: 1980 이후

1979년 마거릿 대처(Margaret Hilda Thatcher, 1925~2013)가 영국 총리로 선출되면서 극단적으로 시장의 자유를 중시하는 신자유주의(neo-liberalism)가 현실 경제정책에 침투하기 시작했다. 감세, 민영화, 재정지출 삭감, 노동조합 압박 등의 정책이 시행되었다. 미국은 1981년 로널드 레이건(Ronald Wilson Reagan, 1911~2004)이 대통령으로 선출되면서 영국의 뒤를 따랐다. 낙수효과이론(trickle-down theory)에 기초한 공급주의경제학(supply-side economics)이 힘을 얻었고, 감세, 복지정책 축소, 최소임금 동결 등의 정책이 시행되었다.

1970년대 말부터 1980년대 초 미국에서 물가안정을 목표로 시행된 고이자율정책[11]은 전 세계적인 국제금융 이자율 인상을 불러왔다. 개발도상국들에서는 1973년 이래 인상된 원유가격으로 외채 부담이 가중되던 차에 이자율 인상이 더해져 채무불이행 사태가 연이어 발생했다. 이를 제3세계 외채위기(Third World

11 이를 당시 미연방준비제도이사회 의장이었던 폴 볼커(Paul Adolph Volcker, 1927~2019)의 이름을 따 'Volcker Shock'라고 한다.

Debt Crisis)라고 한다.

1989년 독일의 베를린장벽이 무너지고, 1991년 소련이 해체되었다. 사회주의의 몰락은 자유시장(free market)의 우월성에 대한 증거로 작용하며 1990년대 중반 이후 신자유주의가 전 세계로 퍼져나가는 데 기여했다. 자유무역(free trade)에 대한 찬양이 이루어지면서 세계화(globalization)[12]는 확고한 시대정신이 되었다.

1995년 멕시코의 금융위기는 신자유주의 경제체제의 위험을 알리는 신호탄이 되었다. 1997년 아시아의 금융위기와 연이어 발생한 브라질과 러시아의 금융위기는 자유시장에 대한 회의론이 고개를 들게 만들었다.

미국의 서브프라임 모기지 위기(sub-prime mortgage crisis)로 촉발된 2008년 세계 금융위기는 자본주의에 심각한 충격을 주었다. 위기 발발 초기에는 정부 개입을 인정하는 케인스주의(Keynesian)정책이 시행되었으나 곧이어 자유시장주의가 회귀하여 균형재정원칙이 준수되기 시작했다. 이후 세계 경제는 저성장 기조를 이어가다가 2020년 발생한 COVID-19(코로나바이러스감염증-19, '코로나'로 불림) 여파로 교역이 급격히 감소하여 경기 후퇴를 겪었다.

12 국제무역과 국제투자의 규모가 전 세계의 경제성장 속도보다 빠르게 증가하고, 그 결과 개별 국가 단위 경제의 상호의존성이 강화된다(폴 크루그먼 지음, 김이수 옮김, 2002).

4.3

—

자본주의와 경제학

자본주의는 경제학과 어떤 관련성이 있을까? 경제학은 자본주의를 어떻게 인식해야 할까?

경제학을 시공간적 특수성을 무시한 보편적 분석 방법으로 인식하는 주류 경제학(mainstream economics) 또는 표준 경제학(standard economics)의 견해는 자본주의와 경제학의 관계를 인식하지 못하거나 외면한다. 이는 경제 현상의 사회적 · 역사적 성격을 살피기보다 자연적 법칙으로 이해하려는 시각과 태도 때문이다. 경제이론과 사회적 · 역사적 상황을 연결하여 이해하려면 이 같은 주류 경제학의 무지 또는 외면에서 벗어나 자본주의와의 밀접한 관련성에 기초하여 경제 현상을 바라보고 분석하는 것이 바람직하다.

경제학은 특별히 자본주의사회에만 적용되는 사회적 탐구의 한 형태다. 최근 경제학의 주된 발전 속에 비전(vision)[13]의 위기가 존재하는 이유는 이 헤어날 수 없는 연결 관계를 탐구하기는커녕 그것을 인정조차 하지 못하는 데 있다. 이 연결 관계를 부정하는 것은 곧 사회 이해의 도구로서 경제학적 사고가 갖는 효력을 지나치게 축소시키는 것이다. 조직화된 현대 자본주의에 대해 사고하기 위한 체계적인 원리로서 대표적 주체에 의한 합리적 선택을 사용한다면, 그것은 경제학의 범위를 제한시킬 뿐 아니라 우리의 경험을 설득력 있게 설명할 수 없게 하는 방향으로 경제학을 편향시키는 것이기도 하다. (…) 경제학과 자본주의가 이렇듯 풀 수 없을 정도로 엉켜 있다는 사실은 경제학계에서 가장 잘 보호된 비밀인 듯하다. 실제로 이런 비밀이 있다는 것조차 아예 모르는 경제학자도 있는 것 같다. 이상하게도 자본주의와 경제학 사이에 깊은 관계가 있음을 공개적으로 선언하는 경제학파는 마르크스주의적 접근법, 제도학파적 접근법을 비롯한 '좌파' 접근법, 그리고 하이에크적, 폰 미제스적, 그리고 이들과 관련된 자유지상주의적 '우파' 접근법뿐이다. 지금까지 우리 관심의 대상이 되어온 이론 작업의 대부분을 차지하는 넓은 중간 입장에서는 이 문제에 대한 언급이 거의 없다 (Heilbroner and Milberg, 1995).[14]

앞서 언급했듯이, 전통에 의해 생산과 분배 문제를 해결하

13 6장 2절(122쪽), 10장 1절(236쪽) 참조.

14 역서(박만섭, 2007) 인용.

는 사회를 이해하기 위해서는 인류학 또는 사회학적 지식이 필요하고, 명령에 의존하는 사회는 정치학의 관심 대상이 된다. 시장 방식에 의해 경제 문제를 해결하는 사회를 이해하기 위한 방법이 경제학적 접근법이라고 한다면, 자본주의는 경제학과 밀접한 관련을 갖는다.[15]

고대 노예제사회, 중세 봉건제사회, 근현대 시장사회에서 노동비용이 갖는 의미가 동일할 수는 없다. 경제 현상을 바라보고 경제 문제를 분석하는 과정에서 사회의 문화적 · 제도적 요소들을 적용해야 한다. 자본주의와의 연관성을 고려하고 경제(학)적 논의를 전개해야 한다.

15 "근대적 형태의 경제학은 모두 시장을 중심으로 하고 있다. 시장이 생활의 부차적인 측면이었던 세계에서는 오늘날 생각하는 것과 같은 경제학은 존재하지 않았다(Galbraith, 1987)." 역서(장상환, 2000) 인용.

5장

경제사상

경제학은 인간의 일상생활을 연구하는 학문이다.

앨프리드 마셜

철학과 통속적 논의라는 2가지 뿌리에서 자라난 경제사상의 흐름을 확인하는 것은 경제(학적) 사고체계를 확립하기 위한 매우 중요한 과정이다. 5장에서는 경제학의 태동과 정의를 살펴본 후, 그릇된 선동에 휘둘리지 않는 판단력을 갖추기 위해 경제학파의 커다란 얼개를 구축해보려고 한다. 우월하고 단일한 이론이나 학파는 존재할 수 없다는 점을 이해하는 것이 중요하다.*

* 5장의 주요 참고문헌은 조지프 슘페터(Joseph Alois Schumpeter)의 《경제학의 역사와 방법(Economic Doctrine and Method: A Historical Sketch)》, 장하준의 《장하준의 경제학 강의(Economics: The User's Guide)》다.

5.1

경제사상의 뿌리

경제사상은 2가지 서로 다른 뿌리에서 자라났다. 그중 하나는 인간과 사회에 대한 가장 오래된 학문인 철학이고, 두 번째 원천은 다양한 유형의 사람들에 의해 행해진, 당대의 실제 문제에 대한 관심에서 비롯된 통속적 논의다(Schumpeter, 1954).

철학에서 경제사상의 발전

아리스토텔레스는 경제 행위를 윤리적 관점에서 평가했다. 사용가치(value in use)와 교환가치(exchange value)를 구분하고 화폐를 교환수단 및 가치척도로 인식함으로써 가치이론과 가격이론의 기초를 마련했다. "따라서 화폐는, 말하자면, 모든 것을 같은 단위로 재어 균등화하는 하나의 척도이다. 사실 교역(exchange) 없이는 관계(association)가 있을 수 없고, 교역은 균등성(equality) 없이는 존재하지 않으며, 균등성은 통약성(commensurability) 없이는 존재하지 않는다."[1]

중세 스콜라주의(scholasticism) 철학체계에서는 훗날의 정치경제학(political economy)과 관련 있는 윤리학(ethics)이 분리되었다. 경제 현상을 분석하기 위한 인간 심리의 원리들에 대한 연구가 이루어졌다.

16세기, 스콜라주의의 유산 위에서 성장한 자연법(natural law)[2]사상은 경제사상의 흐름에 지대한 영향을 미쳤다. 개인의 욕구가 사회적 행위의 핵심을 이룬다는 사상의 흐름은 후에 제러미 벤담(Jeremy Bentham, 1748~1832)의 공리주의(utilitarianism)[3]에 이르게 되고, 상호부조라는 개념에 기초하는 사회계약(social contract)이라는 사상은 경제사상을 형이상학적 영역에서 벗어나게 해주었다.

프랑수아 케네(François Quesnay, 1694~1774)를 창시자로 하는 중농주의(physiocracy) 경제사상은 부의 획득이 생산을 통해서

1 아리스토텔레스의 《니코마코스 윤리학(The Nichomachean Ethics)》에 나오는 내용. 역서(김정수·이현숙, 2001) 참조 재인용(Heilbroner, 1997).

2 자연적 성질에 바탕을 둔 보편적이고 항구적인 규범을 뜻하며, 인간의 이성을 통해 발견한 자연적 정의를 사회질서의 근본 원리로 여긴다.

3 공리(功利, utility)는 공리(公利, public interest)가 아니라 공명(功名)과 이욕(利慾)을 아울러 이르는 말이다. 공리주의는 '최대다수를 위한 최대행복(the greatest happiness of the greatest number)'이라는 말로 요약할 수 있다.

이루어진다고 보았다. 다만 농업 외의 산업은 가치를 만들어내지 못하고 농업만이 부를 창출한다고 주장했다. 농업 생산 촉진을 위한 자유방임주의(laissez-faire)[4]를 지지했으며, 애덤 스미스(Adam Smith, 1723~1790)의 경제사상에 영향을 주었다(Buchholz, 2007).[5]

통속적 논의에서 경제사상의 발전

영국에서는 16세기 이후 대외무역, 은행제도 등과 관련한 활발한 경제(학)적 논의가 진행되었다. 윌리엄 페티(Sir William Petty, 1623~1687)는 경제 문제를 통계적 접근으로 이해하는 방법을 탐구했고, 존 로크(Johm Locke, 1632~1704)는 화폐이론, 가치이론, 분배이론에 대해 활발한 논의를 전개했다. 17세기 들어서는 빈곤 문제 등의 특정 분야에서 여러 나라의 경제 상황을 비교 서술하는 모습이 나타났다.

사회경제학설(doctrine of social economy)에 기초한 논의가 영국의 흐름이었다면, 독일에서의 경제(학)적 논의는 국가경제학설(doctrine of state economy)에 기초했다. 국가(state)라는 개념이 지적 생활을 지배했기에 과학적 연구의 중심 또한 국

4 레세페르(laissez-faire)는 '스스로 선택할 수 있도록 내버려둔다(let people do what they choose)'는 뜻이다(Buchholz, 1995).

5 스미스는 중농주의 경제사상에 대해 '내재된 결점에도 불구하고 정치경제학에 관해 지금까지 알려진 것 가운데 진실에 가장 가까이 근접한 것'이라고 말했다(Galbraith, 1987; Heilbroner, 1997).

가였다. 그 결과는 방대한 주제를 체계적으로 다루는 관방학(kameralwissenschaft, the science of cameralistics)의 확립과 발전으로 나타났다. 이 영향으로 독일 경제학은 체계적 접근을 특징으로 형성했다.

15세기부터 18세기에는 네덜란드, 영국, 프랑스, 스페인 등지에서 중상주의(mercantilism)라는 국가 본위의 간섭정책이 득세했다. "사는 것보다 더 많이 팔아서 재물(treasure)을 쌓아야 한다는 것이 중상주의 절체절명의 교리이다(Heilbroner, 1997)."[6] 이들은 국민경제(national economy, state economy)라는 개념을 정립했고, 무역차액이론을 정식화했다.[7]

6 역서(김정수·이현숙, 2001) 인용.

7 이 시기를 '상인과 국가의 시대'라고 할 수 있는데, 시장의 출현과 상인 계급의 대두 외에 경제(학)적으로 중요한 3가지 동향이 존재했다. 첫째는 항해술의 발달로 인한 신대륙의 발견, 둘째는 물가의 대폭적 상승, 셋째는 권위를 확립한 근대국가의 출현이다(Galbraith, 1987).

5.2

—

경제학

학문은 분화한다. 아리스토텔레스는 학문을 논리학, 이론학, 실천학, 제작학으로 사분했고, 중세 교육과정은 기초 3학(문법학, 논리학, 수사학)과 고급 4과(산술학, 기하학, 천문학, 음악학)로 구성되었다(설혜심, 2011). 철학과 통속적 논의에서 발전해온 경제사상은 정치경제학(political economy)이라는 이름의 독립 학문으로 분화되었다.

고전주의학파 경제학의 이름은 정치경제학이다. 정치경제학은 사회가 노동자, 지주, 자본가라는 세 종류의 계급으로 구성되어 있다고 보고, 분석의 초점을 계급의 이해관계에 둔다. 신고전주의학파 이후에는 경제학이라는 이름을 갖게 되었고, 개인과 기업이라는 분리된 행위자들의 상호작용으로 경제를 이해하고, 소득을 결정하는 요소를 분석했다.

경제학의 태동

경제학은 1776년 애덤 스미스의 《국부론(An Inquiry into the Nature and Causes of the Wealth of Nations)》 출간을 그 태동으로 보는 견해가 일반적이다. 물론 성경이나 고대 철학자들의 사상에서도 경제 현상과 관련한 언급을 찾아볼 수는 있다. 하지만 앨프리드 마셜(Alfred Marshal, 1842~1924)의 말처럼, 만인의 물질적 건강을 추구하는 학문으로서의 위상을 갖추지는 못했다.[8] 마셜은 경제학을 "빈틈없는 논리로 뒷받침된, 과학과 인류에게 헌신하는 정신이 조화를 이룬 전문적인 학문"으로 보았다(Buchholz, 1995).[9]

《국부론》 이전에도 체계적으로 경제학을 논하던 사람들이 있었다. 최초의 경제학자들로 일컬어지는 계몽주의시대의 중상주의자들(mercantilists)이 그들이다. 중상주의자들의 공통된 견해는 국가의 위계질서 확립, 자원 취득을 위한 식민지 확보, 수입을 초과하는 수출을 위한 무역의 통제 등을 중시하는 것이다(Buchholz, 1995). 중상주의에 반대하여 생산을 통한 부의 창출을 주장한 이들이 중농주의자들(physiocrat)[10]이다. 그들은 최초의 경제학파를 형성했다고 평가받기도 하는데, '경제생활의 순환적 흐름(the circular flow of economic life)'을 정식화했다. 각각의 경제주

8 마셜은 경제학을 육체적 건강을 위한 의학, 정치적 건강을 위한 법학, 정신적 건강을 위한 신학과 함께 네 번째 신성한 학문이라고 생각했다(Buchholz, 2007).

9 역서(이성훈, 2009) 인용.

10 그들은 스스로를 '경제학자(economistes)'라고 칭했다(Strathern, 2001).

기(economic period)가 다음 주기의 기초가 되어 순환한다는 사실을 인식했다(Schumpeter, 1954).

최초의 직업 경제학자가 누구인가에 대해서도 복수의 견해가 존재한다. 1727년 독일의 할레대학에서 경제학·정책학·관방학 교수직을 맡았던 페터 가세(Simon Peter Gasser)를 최초의 경제학 교수로, 스웨덴의 안데르스 베르시(Anders Berch)를 독일 밖에서의 최초 경제학 교수로 보는 견해가 있다(에릭 라이너트 지음, 김병화 옮김, 2012). 그러나 이러한 견해는 주류 경제학 흐름에 집중하는 일반적 내용과 달라 생소하다. 널리 알려진 바에 따르면, 최초의 직업 경제학자는 《인구론(An Essay on the Principle of Population)》[11]의 저자인 영국의 고전주의 경제학자 토머스 로버트 맬서스(Thomas Robert Malthus, 1766~1834)다. 그는 1805년 영국 동인도회사의 인력 양성을 담당하는 헤일리버리칼리지(Haileybury College)의 정치경제학 교수가 되었다(Heilbroner, 1999; Strathern 2001; Buchholz, 2007).

11 1798년에 출간되어 인구폭발(population explosion)로 유명해진 이 책의 부제는 '장래의 사회 개선에 미치는 영향, 고드윈, 콩도르세, 기타 저술가에 대한 논평과 함께'다. 맬서스는 자유방임시장에 반대하며 사회적 · 경제적 평등을 주장한 프랑스의 계몽주의적 진보주의자 콩도르세(Marquis de Condorcet, 1743~1794)와 급진적인 영국의 무정부주의자 윌리엄 고드윈(William Godwin, 1756~1836)의 사상을 비판하며 빈부 격차의 필연성을 주장했다(유시민, 2009). 영국의 역사학자 토머스 칼라일(Thomas Carlyle, 1795~1881)은 이 책을 읽고 경제학을 '우울한 학문(dismal science)'이라고 칭했다(Heilbroner, 1999). 이 표현은 칼라일이 경제학자를 '우울한 학문의 존경할 만한 교수들(respectable professors of the dismal science)'이라고 칭한 것에서 유래했다(Galbraith, 1987).

경제학은 자본주의와 함께 탄생했다. 중상주의자들을 최초의 경제학자로 본다면 자본주의의 출현과 함께, 《국부론》의 출간을 시점으로 삼는다면 자본주의 여명기 후반부에 경제학이 태동한 것이다.

경제학의 정의

경제학에 대한 정의는 크게 두 부류로 나눌 수 있다. 첫째는 학문의 방법으로 규정하는 것이다. 이에 따르면 경제학은 인간의 합리적 선택(rational choice)을 연구하는 학문이다. 둘째는 학문의 주제로 규정하는 것이다. 이에 따르면 경제학은 경제 행위 · 경제 현상 · 경제 문제를 연구하는 학문이다. 경제학에 대한 다양한 정의를 살펴보자.[12]

① 경제학은 경제적 수단과 인간의 정치적 · 사회적 · 개인적 생활의 제반 측면에 대한 연구다(앨프리드 마셜).[13]

② 경제학이란 다른 용도로 사용이 가능한 희소성을 지닌 수단과 목적 사이의 관계로서 인간 행동을 연구하는 과

12 발표연도 순서대로 정리.

13 역서(장상환, 2008) 참조 제인용(Heilbroner, 1999).

학이다(Lionel Robbins, 1898~1984).[14]

③ 경제학을 쉽게 풀이하면 경제 문제를 다루는 학문이라 할 수 있다. 현실 세계에 희소성의 법칙이 지배하여 경제 문제가 일어나므로 경제학의 출발점은 희소성의 법칙이다(김대식·노영기·안국신, 1994).

④ 경제학은 인간의 무한한 물질적 욕구를 충족시키기 위해 희소한 자원을 어떻게 활용할 것인가를 연구하는 학문이다.[15]

⑤ 경제학은 사람들이 어떻게 자신이 원하는 바를 손에 넣는가에 대해 설명하는 것을 목적으로 하는 학문이다(Levitt and Dubner, 2005).[16]

⑥ 경제학이란 모든 인간 사회에 나타나게 마련인 과정, 즉 사회의 물질적 안녕에 필요한 것들을 조달하는 과정에 대한 연구라고 할 수 있다(Heilbroner and Milberg, 2011).[17]

⑦ 경제학이란 사회가 희소자원을 어떻게 관리하는지를 연구하는 학문이다. (…) 따라서 경제학은 사람들이 어떻게 결정을 내리는지에 대해 연구하는 학문이라고도

14 역서(김희정, 2014) 참조 재인용(Chang, 2014).

15 《경제학원론》 제2판(이준구·이창용, 2001) 내용. 재인용(유시민, 2002).

16 역서(안진환, 2005) 인용.

17 역서(홍기빈, 2010) 인용.

할 수 있다(Mankiw, 2019).[18]

이렇게 다양한 정의 중에서 ①과 ⑥을 제외한 나머지는 앞의 설명에서 첫째 부류에 해당한다. 이처럼 경제학의 주된 흐름은 학문의 주제보다는 방법론에 치중하는 모습을 보인다. 현재 주류 경제학의 근간을 이루고 있는 신고전주의 경제학의 대표적 인물인 마셜의 정의(①)가 둘째 부류에 속한다는 사실은 흥미롭다. 신고전주의 경제학이 주류를 형성하는 과정에서 점차 첫째 부류의 성격이 강화되었다고 볼 수 있다.

경제학을 선택의 학문으로 규정하게 되면, 선택 방법론만으로 세상의 모든 것을 다룰 수 있다는 경제학의 제국주의(economic imperialism)에 이르게 된다. 그러면 정작 중요한 경제 문제는 경제학의 일부만 구성하게 되고, 경제학은 추상적이고 이론적인 방향으로 흐르게 된다. 그렇게 경제학은 현실과 괴리된, 설명력을 결여한 학문으로 치닫게 된다.[19] 이 책에서는 경제학을 '경제를 연구하는 학문'으로 정의하고 주류 경제학에서 외면하는 경제(학)적 논의를 추가하고자 한다.

18 역서(김경환 · 김종석, 2021) 인용

19 조지프 슘페터(Joseph Alois Schumpeter)는 지나치게 추상화시켜 완벽하지만 현실성을 결여한 이론 추구를 데이비드 리카도(David Ricardo)의 이름을 따서 '리카도의 악덕(Ricardian Vice)'이라고 불렀다(Heilbroner, 1997).

그레고리 맨큐(Nicholas Gregory Mankiw, 1958~)의 《경제학 원론(Principles of Economics)》은 현재 세계에서 가장 인기 있는 경제학 교과서다.[20] 맨큐는 시장의 효율성(market efficiency)을 강조하는 경제학자이지만, 주로 통화정책에 한하여 정부 개입의 필요성을 인정하기도 한다. 그가 정리한 경제학의 10대 기본 원리는 다음과 같다(Mankiw, 2019).

1. 모든 선택에는 대가가 있다.
   People face tradeoffs.
2. 선택의 대가는 그것을 얻기 위해 포기한 그 무엇이다.
   The cost of something is what you give up to get it.
3. 합리적 판단은 한계적으로 이루어진다.
   Rational people think at the margin.
4. 사람들은 경제적 유인에 반응한다.
   People respond to incentives.
5. 자유거래는 모든 사람을 이롭게 한다.
   Trade can make everyone better off.
6. 일반적으로 시장이 경제활동을 조직하는 좋은 수단이다.
   Market is usually a good way to organize economic

20 1999년 제1판 이후 2019년 제9판이 출간되었다.

activity.

7. 경우에 따라 정부가 시장 성과를 개선할 수 있다

Government can sometimes improve market outcomes.

8. 한 나라의 생활수준은 그 나라의 생산 능력에 달려 있다.

A country's standard of living depends on its ability to produce goods and services.

9. 통화량이 지나치게 증가하면 물가는 상승한다.

Prices rise when the government prints too much money.

10. 단기적으로는 인플레이션과 실업 사이에 상충관계가 있다.

Society faces a short-run tradeoff between inflation and unemployment.

맨큐의 정리는 주류 경제학의 견해를 잘 보여주며, 경제학 학습에서 유념할 만한 가치가 있다.

한국의 경제학

'한국에 경제학은 없었다.' 경제학을 자본주의사회에만 적용되는 사회적 탐구로 본다면, 자본주의가 시작되기 전에는 경제학이 존재할 수 없다. 한국에서 자본주의는 제헌 헌법이 제정된 1948년에(송병락, 2010), 또는 곡가를 낮게 유지하여 임금상승을 억제하고 노동집약적 수출산업 중심의 성장 논리가 도입된 1950년대 이후에(이근, 2010), 또는 빈곤에서 벗어나기 시작한 1970년 후반, 아니면 계획경제를 끝내고 시장경제로 전환한 1990년대 중반에(장하성, 2014) 시작되었다. 경제학의 역사가 짧아 서양 중심의 경제학에 의지할 수밖에 없었던 한계가 있지만, 성장과 안정뿐 아니라 형평과 행복을 포괄하는 경제발전을 위해서는 독창적인 한국 경제론이 절실히 요구된다.

김대중(1924~2009)은 경제발전을 물질적 풍요와 공평한 분배를 달성해가는 과정으로 인식하고, 사회 구성원 모두가 소외되지 않는 '대중참여경제론'을 주장했다. 한국 경제의 최대 취약점을 분배의 불균형으로 보고, 계층, 지역, 산업 간 단절 및 격차와 노동자들에 대한 압박이 사회적 불안과 불공평을 조성했다고 인식했다. 20세기 말 공산권의 붕괴를 '자본주의 승리-사회주의 패배'가 아니라 '민주주의 승리-독재정치 패배'로 판정하고, 경제민주주의를 주장했다. 이를 위해서는 민주적 경제체제의 확립과 정부정책의 일관성이 요구된다. 정부의 부당한 개입을 최소화하는 민주적 경제 관리, 공정하고 엄격한 법 집행과 물가안정을 위한 강력한 경제 관리, 그리고 이러한 관리 능력을 발휘하기 위해서 깨끗한 정부 수립을 통한 청렴한 경제 관리가 필요하다(김대중, 1997).

장하성(1953~)은 1997년 외환위기 이후 악화되는 불평등을 우리나라의 가장 중요한 경제 문제로 인식하고 이를 타개하기 위한 3가지 질문과 대답으로 한국 경제를 논했다(장하성, 2015).

첫째, 왜 불평등해졌는가? 한국은 자본 소유의 불평등보다 노동소득의 불평등이 심각하다. 소득불평등은 임금 격차에서 발생하므로 고용불평등이 소득불평등의 주된 원인이다. 정규직과 비정규직의 임금 격차, 대기업과 소기업 간의 임금 격차 확대가 소득불평등의 절대적 원인이다.

둘째, 불평등의 극복 방안은 무엇인가? 복지시스템이 완비되지 않은 상황에서 불평등의 근원이 소득 격차에서 오는 것이라면 '재분배' 중심의 불평등완화정책만으로는 한계가 있다. '원천적 분배'의 불평등을 바로잡는 정책이 필요하다. 공정한 임금 분배를 위한 고용구조 및 기업구조 개혁정책을 고민해야 한다.

셋째, 극복의 주역은 누구인가? 청년세대가 중심이 되어, 최소한 청년세대의 시각에서 문제를 바라보고 극복 방안을 모색해야 한다. 청년세대가 겪고 있는 고통을 다음 세대에까지 물려주면 안 된다는 사명감으로 불평등하고 불공정한 현실을 직시하고, 청년세대의 관점으로 문제를 해결하려는 노력이 필요하다.[21]

신장섭(1962~)은 김대중의 민주적 시장경제론의 골자가

21 장하성은 한국 자본주의를 논하면서 소득불평등 및 양극화와 고용·임금·분배 없는 성장을 문제점으로 지적하면서 재벌 대기업 중심의 경제체제 개혁을 주장했다(장하성 2014, 장하성 2015). 대기업의 역할을 무시하면서 적대감을 불러일으킨다는 비판적 지적이 존재한다.

'반(反)관료 반(反)재벌'로, 1997년 외환위기 대응 과정에서 이후 한국 경제에 해로운 영향을 미친 국제통화기금(IMF, International Monetary Fund)의 처방을 적극적으로 수행했다고 평가했다(신장섭, 2008). 또한 장하성의 한국 경제 진단에 대해 불평등 정도를 비과학적 분석으로 과장했다고 비판했다(신동아, 2018.09.20.).

5.3

—

경제학파

다양한 경제이론이 존재한다는 사실과 그 내용을 확인하는 것은 경제(학적) 사고체계를 형성하는 데 매우 중요하다. 이론마다 특별히 중시하는 분야가 다르고, 개념화와 분석의 과정에서 사용하는 방법론이 다르다. 그러므로 모든 경제 현상과 경제 문제를 설명하는 단일한 이론이나 학파는 존재할 수 없다. 다양한 학파의 견해를 살펴봄으로써 흑백논리에 갇히지 않고 그릇된 선동에 저항할 수 있는 판단력을 갖추는 노력이 필요하다.

그러나 수많은 경제학파의 이론을 조각조각 흡수하다 보면 큰 그림을 그리기가 어렵다. 경제학파를 구분하는 사람의 견해에 따라 일부가 누락되기도 하고, 특정 학파의 하위 분파에 대한 설명에 집중하다 보면 전체 그림을 잘못 그릴 수도 있다.

여기에서는 신뢰할 수 있는 경제학자가 주요 경제학파에

대해 서술한 내용을 기준으로(Chang, 2014) 9가지 경제학파의 이론을 살펴봄으로써 앞서 언급한 부작용을 최소화하고자 한다.

개발주의 전통

개발주의 전통은 개인보다는 계급(class)을 중시하는 경향을 보이고, 생산 및 생산성 향상을 강조하며, 정부의 정책적 개입을 지지한다.

15세기에도 그 흐름을 확인할 수 있지만, 16세기 말에서 17세기 초에 시작된 것으로 알려진 이 전통은 뚜렷한 창시자나 추종자가 존재하지 않고 다양한 지적 혈통이 혼재하므로 학파로 칭하지 않는다.

16세기 말경에 정부의 제조업 장려를 주장한 이탈리아 르네상스의 경제학자들이 이 전통의 첫 번째 구성원이다. 17세기와 18세기에 걸쳐 정책적 개입을 통한 생산성 향상을 추구하고자 했던 중상주의자들의 경제사상 또한 이 전통을 구성한다. 19세기 중반 독일의 역사학파(Historische Schule)[22]는 물질적 생산과 사회제도의 상호작용의 역사를 중시함으로써 개발주의 전통에 합류했다.

22 역사학파는 시대 변화에 따라 과거의 정책 또는 원리가 부적합해지기 때문에 국가 역시 유기체처럼 태어나고 성장하고 소멸한다는 유기체적 국가관을 주장했다(Buchholz, 2007).

고전주의학파

고전주의 경제학파는 18세기 말에서 19세기 말까지 경제학의 주류를 이루었다. 애덤 스미스, 데이비드 리카도(David Ricardo, 1772~1823), 장 바티스트 세(Jean-Baptiste Say, 1767~1832), 토머스 맬서스, 존 스튜어트 밀(John Stuart Mill, 1806~1873) 등이 주요 경제학자들이다.

고전주의학파는 경제의 주체를 계급으로 인식했고, 개인은 이기적이고 합리적인 존재이며, 확실한 철칙이 인간 사회를 규정한다고 보았다. 경제를 구성하는 세 계급은 자본가(capitalists), 노동자(workers), 지주(landlords)다.

경제를 구성하는 4가지 활동인 생산, 분배, 교환, 소비 중 생산을 가장 중시하고, 경제적 변화를 야기하는 것은 자본의 축적(투자)이라고 주장하며, 자유시장정책을 지지한다.

신고전주의학파

신고전주의 경제학파는 19세기 말에 확립되어 오늘날까지도 주류 경제학(mainstream economics)의 지위를 유지하고 있다. 윌리엄 스탠리 제번스(William Stanley Jevons, 1835~1882)[23], 레옹 발라

23 제번스의 1871년작《정치경제이론(Theory of Political Economy)》출간을 계기로 경제사상은 새로운 전환점을 맞았다. 고전주의학파의 웅장함은 사라지고 개개인의 경제 행위 분석에 몰두하며, 경제학의 과학성에 집중하게 되었다(Heilbroner, 1997).

(Marie-Esprit-Léon Walars, 1834~1910), 앨프리드 마셜 등이 주역이다.

신고전주의학파는 경제의 주체를 이기적이고 합리적인 개인으로 인식했다. 세상을 계산 가능한 위험(risk)은 존재하지만, 확실성의 세계로 보았다. 교환과 소비를 경제활동의 주요 분야로 간주하고, 개인의 선택이 경제적 변화를 가져온다고 보았다. 일부는 시장실패를 강조하여 개입주의를 지지하지만, 대부분은 시장실패라는 예외적 경우를 제외하고는 자유방임을 주장한다.

신고전주의학파 경제사상의 가장 두드러진 특징 첫 번째는 쾌락주의적 공리주의 인간관에 기초한다는 점이다. 이로써 모든 인간은 욕망 충족을 극대화하는 무차별한 개인이 되었다. 두 번째 특징은 수학적 표현에 대한 의존이다. 결과적으로 수학적으로 설명할 수 없는 경제 현실을 외면했다. 세 번째 특징은 자본주의의 역사적 특수성을 무시했다는 점이다(유시민, 2009).

마르크스학파

마르크스학파의 창시자는 카를 마르크스(Karl Heinrich Marx)와 그의 후원자 프리드리히 엥겔스(Friedrich Engels)[24]다. 마

24 "마르크스주의를 형성시킨 사람은 엥겔스다. (…) 마르크스는 생산력과 생산관계로 역사를 설명하는 것이 아니라 역사에 감추어져 있던 생산력과 생산관계를 발견했던 것이다. 이것을 간과했던 지점에 사적유물론(historical materialism)-마르크스는 한 번도 이런 말을 쓰지 않고 있다-이라는 것이 성립한다. 결국 그것은 마르크스의 텍스트와 관계없이 존재하게 되었던 '의미'이며 엥겔스의 '철학'인 것이다(가라타니 고진 지음, 김경원 옮김, 2010)."

르크스학파는 고전주의학파의 노동가치론(labor theory of value)을 계승하고, 경제의 주체를 계급으로 인식하며[25], 생산을 중시함으로써 신고전주의학파보다 오히려 고전주의 계승자에 더 가깝다고 할 수 있다.

세상에는 확실한 운동법칙(law of motion)이 존재한다. 즉, 생산양식[26]에 의해 규정된 역사적 단계를 거쳐 사회가 원시공동체(primitive communal system), 노예제(slavery), 봉건제(feudalism), 자본주의(capitalism), 사회주의(socialism) 순으로 발달하게 된다. 마르크스학파는 이처럼 경제 문제가 역사적 성격을 갖는다는 인식이 두드러진다. 생산에 중심을 두고, 계급투쟁이 경제적 변화를 가져온다고 보며, 사회주의혁명을 통한 중앙계획경제를 주장한다.

마르크스는 자본주의체제의 약점을 4가지로 해석해냈다. 첫째, 불평등한 권력의 분배다. 둘째, 첫째 약점과 관련 있는 소득분배의 불평등이다. 셋째, 체제의 존속을 위협하는 공황과 실업에 취약하다. 넷째, 자본주의의 몰락에 결정적으로 영향을 미치게 되

25 고전주의학파의 세 계급과는 달리, 부르주아지(bourgeoisie)라는 새로운 이름의 자본가와 프롤레타리아트(proletariat)라는 새로운 이름을 갖게 된 더 비참해진 노동자 계급이 주역이고, 지주 계급은 조역으로 떨어졌다(유시민, 2009).

26 생산양식(mode of production)이란 생산력(force of production)과 생산관계(relation of production)의 결합을 말한다. 생산력은 노동력(labor force)과 생산수단(means of production)으로 구성되는데, 생산수단에는 생산도구(instrument of production)와 노동대상으로서의 자연물이 있다. 마르크스는 노동력과 생산도구를 사회의 원동력(the driving force of the world)이라고 불렀으며, 인간의 노동은 항상 사회적 성격을 갖게 된다고 주장했다. 생산관계란 생산과정에서 사람들 사이에 정립되는 관계를 뜻하고, 생산관계의 기초는 생산수단의 소유 형태에 달려 있다(리우스 지음, 이동민 옮김, 1988).

는 체제의 기본적 경향인 독점이다. 즉, 자본집중이라는 결함이다(Galbraith, 1987).

오스트리아학파

19세기 말에 시작된 오스트리아학파는 신고전주의 경제학파보다 시장의 자유를 더 중시한다. 카를 멩거(Karl Menger, 1840~1921), 루트비히 폰 미제스(Ludwig von Mises, 1881~1973), 프리드리히 폰 하이에크(Friedrich von Hayek, 1899~1992) 등이 주요 인물이다.

오스트리아학파는 전통에 기초한 개인의 선택이 경제적 변화를 가져오며, 교환이 경제활동의 중심이라고 말한다. 개인을 중시하면서도 인간의 무한한 합리성에는 반대한다. "오직 경쟁이 허용된 시장에서 일어나는 자생적 질서(spontaneous order)를 통해서만, 예측 불가능하고 복잡한 세상의 변화에 반응해 수많은 경제주체가 만드는 다양하고 변화무쌍한 계획이 서로 조화를 이룰 수 있다(Chang, 2014)."[27] 고 주장한다.

그러나 시장 자체도 의도적으로 만든 규칙에 기초하므로 자생적 질서라기보다는 구축된 질서(constructured order)라는 점에서 오스트리아학파의 자본주의 인식은 왜곡되었다고 할 수 있다.

27 역서(김희정, 2014) 인용.

케인스학파

존 메이너드 케인스(John Maynard Keynes, 1883~1946)는 거시경제학을 창시한 위대한 경제학자다. 그러나 단기적 경제 문제에 지나치게 집중했다는 비판을 받기도 한다. 앨빈 한센(Alvin Harvey Hansen, 1887~1975), 폴 새뮤얼슨(Paul Anthony Samuelson, 1915~2009), 제임스 토빈(James Tobin, 1918~2002), 로버트 솔로(Robert Merton Solow, 1924~) 등이 케인스학파의 주역이다.

생산과잉과 실업이 없는 완전고용(full employment)이 달성되려면 생산과 소비의 차이인 저축이 투자로 이어져야 한다. 고전주의 경제학에서는 일시적 저축과잉(savings glut)이 이자율 하락을 매개로 하는 투자의 증가를 통해 자동 해소된다고 보았다. 그에 비해 케인스는 저축과 투자의 불일치를 강조하고, 투자의 감소가 저축의 감소를 야기하여 완전고용에서 멀어지는 균형의 가능성을 주장했다. 세상은 불확실성(uncertainty)이 지배하며, 비합리적 야성적 충동(animal spirit)[28]이 주요한 투자 동인이라고 가르친다. 투자가 감소하면 지출이 줄고, 한 사람의 지출이 다른 사람의 소득을 구성하므로, 소득 또한 감소한다. 소득이 줄어도 최소한의 소

28 라틴어 'spiritus animalis'에서 유래한 말로 '야성적'은 '마음의'라는 의미로 근본적인 정신적 에너지나 생명의 힘을 가리킨다(Akerlof and Shiller, 2009). 케인스는 야성적 충동을 '불활동보다는 오히려 활동을 하려는 자생적인 충동'이라고 설명했는데(존 메이너드 케인스, 조순 옮김, 2009), 이는 '행동하지 않는 쪽보다 행동하는 쪽으로 기우는 본능적 욕구(a spontaneous urge to action rather than inaction)'를 뜻한다(Chang, 2014). 조지 애컬로프(George Arthur Akerlof, 1940~)와 로버트 실러(Robert James Shiller, 1946~)는 야성적 충동을 고려한 경제학의 필요성을 강조했다(김동옥, 2021).

비는 유지되므로 저축이 줄어든다. 저축의 감소로 투자를 자극하는 이자율 하락 압력은 생기지 않는다. 결국 투자 감소에 맞춰 저축도 감소하여 불완전고용의 균형이 유지될 수 있다고 설파한다.

케인스는 개인이 아니라 계급을 경제의 주체로 보았고, 인간의 비합리성과 세상의 불확실성을 강조했다. 완전고용을 위한 유효수요(effective demand) 창출을 위해 재정정책을 통한 정부의 능동적 개입과 소득재분배를 주장했다.[29]

슘페터학파

조지프 슘페터(Joseph Alois Schumpeter, 1883~1950)는 자본주의의 원동력을 기술의 발달이라고 밝힌 마르크스이론을 더욱 발전시켰다. 기업가(entrepreneur)의 혁신(innovation)이 새로운 제품, 기술, 시장, 조직을 창조함으로써 자본주의가 진화한다고 주장했다. 이렇듯 자본주의에 역동성을 부여하는 요소를 기업가 정신(entrepreneurship)이라고 한다. 혁신의 결과로 보유하게 되는 일시적 독점권으로부터 기업가 이윤(entrepreneurial profit)이라고 하는 큰 이익을 얻게 된다. 장기적으로는 경쟁자의 기술 혁신에 따른 창조적 파괴의 돌풍(gales of creative destruction)으로 일시적 독점권은 사라진다.

29 케인스학파는 ① 완전고용에 이르지 못할 수 있다, ② 정부 지출로 불완전고용의 틈을 매울 수 있다는 2가지 사실을 믿는 사람들을 말한다(Buchholz, 2007).

슘페터는 노동자, 대학, 정부 등 사회 전체가 참여하는 조직적 혁신을 간과했다. 기업의 규모가 커지면서 기업 경영의 주체가 기업가에서 전문경영인으로 대체되며 자본주의가 역동성을 잃고 서서히 쇠락하여 사회주의사회로 나아간다고 보았다. 개인적 기업가 정신만을 중시해서 나온 오류다.[30]

진화경제학(evolutionary economics)이라고도 부르는 신슘페터학파(neo-Schumpeterian school)의 이론은 이러한 슘페터의 한계를 극복했다. 혁신 과정에서 기업, 대학, 정부 등 다양한 주체의 상호작용을 분석하는 국가혁신시스템(national system of innovation)이라는 접근법을 제시했다. 그러나 경제 문제와 관련된 제도적 요소 등을 무시하고 기술 혁신만을 중시하는 협소한 시각이라는 비판을 받는다.

제도학파

19세기 말, 개인의 사회적 성격을 외면하고 합리적이고 이기적인 개인이라는 개념에 집착하는 당대의 경향에 대한 반발의 움직임이 생겨났다. 선봉에 선 사람은 소스타인 베블런(Thorstein Bunde Veblen, 1857~1929)이었고, 개인을 형성하는 사회적 제도

30 슘페터는 기업가 정신의 동기를 다음과 같이 설명했다(Heilbroner, 1999). 첫째, 자신만의 왕국 건설 의지(the will to found a private kingdom). 둘째, 정복 의지(the will to conquer). 셋째, 창조의 기쁨(the joy of creating). 첫째 동기와 관련해서만 사유재산이 기업가 활동을 위한 근본적 요인이 된다(조지프 슘페터 지음, 박영호 옮김, 2005).

(institution)를 강조했다.[31] 베블런을 따르던 일군의 경제학자들이 제도주의 경제학(institutional economics)을 출범시켰다. 이들은 렉스퍼드 가이 터그웰(Rexford Guy Tugwell, 1891~1979), 존 케네스 갤브레이스(John Kenneth Galbraith, 1908~2006) 등이었다. 제도학파는 경제가 개인과 제도로 구성되고, 개인은 본능, 습관, 이성 등 여러 층위를 가진 존재이며 개인과 제도의 상호작용이 경제적 변화를 가져온다고 생각했다.

1980년대 이후 로널드 코스(Ronald Harry Coase, 1910~2013), 더글러스 노스(Douglass Cecil North, 1920~2015) 등은 신제도주의 경제학(new institutional economics)을 만들었다. 거래비용(transaction cost)을 기존의 교환 자체에 국한한 개념에서 경제활동을 조직하고 유지하는 데 필요한 비용까지 포함하는 넓은 개념으로 확장시켰다. 신제도학파는, (구)제도학파로부터 비판받았던, 신고전주의학파 경제학의 방법론으로 사회제도를 분석했다.

31 베블런의 대표작은 그의 첫 번째 저서인 1899년작 《유한계급론: 제도의 경제학적 연구(The Theory of the Leisure Class: An Economic Study of Institutions)》다. 베블런은 인류학적 연구로부터 인간의 '모방본능(emulatory instinct)'을 발견하고 부와 지위를 지닌 모방의 대상을 '유한계급(leisure class)'이라고 명명했다. 유한계급의 '현시적 여가(conspicuous leisure)' 및 '현시적 소비(conspicuous consumption)'를 조롱했다. 수요법칙이 적용되지 않고 수요가 '현시적 가격(conspicuous price)'에 비례하는 특정 재화를 '베블런재(Veblen goods)'라고 한다(Buchholz, 2007). 베블런에 의해 소비 행위가 합리적 계산의 결과라는 신고전주의학파의 기본 가정에 구멍이 뚫렸다(Strathern, 2001).

행동주의학파

행동주의학파는 인간의 행동 자체를 연구 대상으로 삼는다. 최근에는 실험경제학(experimental economics)과 행동금융학(behavioral finance)으로 널리 알려지게 되었다.

허버트 사이먼(Herbert Alexander Simon, 1916~2001)은 주류 경제학이 가정하는 합리적 경제인(Homo Economicus)[32]의 완전 합리성(olympian rationality)을 비판하며 인간의 제한된 합리성(bounded rationality)을 주장했다. 복잡하고 불확실한 세상에서 극대화 목적의 최선의 선택이 아니라 최소한의 필요를 충족시키는 만족화 모형(satisfying model of decision-making)을 제시했다.

행동주의학파는 시장이 경제의 일부만을 구성하고, 시장이 아닌 기업이나 정부 등의 조직 내부에서 경제활동의 상당 부분이 이루어진다고 보았다. 그러므로 현대 자본주의경제를 조직경제(organization economy)라고 부르기도 한다.

32 "합리성은 윤리 도덕과는 아무 상관이 없다. 오로지 자기 자신의 행복에만 관심이 있고, 주어진 조건 아래서 언제나 최소의 비용으로 최대의 성과를 얻으려고 노력하는 사람, 이것이 바로 '합리적 경제인'이다. (…) 이러한 '합리적 인간'을 창조한 인물은 공리주의철학의 원조 제러미 벤담이다(유시민, 2002)."
합리적 경제인은 단지 다양한 상황에 널리 통용되는 매우 유용한 실용적인 가설일 뿐이다(폴 크루그먼 지음, 김이수 옮김, 2002).

6장

경제과학

경제의 50%는 심리다.

루트비히 에르하르트*

* 루트비히 에르하르트(Ludwig Wilhelm Erhard, 1897~1977)는 독일연방공화국(구 서독)의 제2대 총리다. 1949년부터 1963년까지 경제부장관으로 '라인강의 기적(Das Wunder am Rhein, The Miracle on the Rhein)'을 주도했다.

'경제학은 과학인가?'
이 장에서는 이 물음에 대한 답을 찾으려고 한다.
인간은 자유의지를 가진 존재이므로 경제학이 자연과학이 될 수는 없다.
경제학은 경제 행위 및 경제 현상에 대한 체계적 설명을 통해
경제 문제 해결에 기여한다. 모든 이론의 한계를 인식하면서 경제 현상 및
경제 현상들 간의 관계를 이해하고 설명하려는 과학적인 태도가 필요하다.

6.1

—

과학

과학(science)의 사전적 정의는 '보편적인 진리나 법칙의 발견을 목적으로 하는 체계적인 지식'이다. 넓게는 학문을 말하고 좁게는 자연과학(natural science)을 뜻한다. 'science'의 어원은 '지식(knowledge)' 또는 '지식의 체계(system of knowledge)'를 뜻하는 라틴어 'scientia'다. "과학은 우리를 둘러싼 세상을 설명해주는 지식체계"라 할 수 있고, 과학을 통해 각종 자연적 · 사회적 현상(phenomenon) 및 현상들 간의 관계를 이해할 수 있다. 이러한 정적인(static) 견해 외에 과학을 지식 산출의 과정(process)으로 보는 동적인(dynamic) 견해도 존재한다(신민철, 2007).

사회과학(sozialwissenschaft, social science)은 인간 사회의 여러 현상을 과학적 · 체계적으로 연구하는 모든 경험과학을 뜻하고, 자연의 여러 현상을 연구하는 자연과학(natural science)과 대치된다. 사회현상은 자연현상과 달리 인위적이고 창조적인 요소를 포함하고 있으므로 사회과학보다는 문화과학(kulturwissenschaft, cultural science)이 더 적절한 명칭이라는 의견도 있다. 그러나 18세기 사회과학이 성립할 당시에 사회(society)라는 개념이 매력적으로 받아들여졌고, 19세기부터는 사회과학이라는 명칭이 사회현상을 과학적으로 연구하는 학문의 총칭으로 쓰이게 되었다(두산백과, www.doopedia.co.kr).

과학의 목적은 세상을 이해하고 설명하는 지식을 생산하는 것이다. 다시 말해서 현상 및 현상 간의 관계에 대한 체계적 설명을 뜻하는 이론(theory)의 성립을 과학의 목적이라고 할 수 있다. 사회과학의 목표는 사회현상 및 사회현상 간의 관계에 대한 이해와 일반화가 가능한 설명을 제공하는 것이다.

과학과 다른 지식체계와의 차이점은 검증가능성(verifiability), 측정가능성(measurability), 당위(should)가 아닌 현실(be)을 연구한다는 점이다. 당위를 다루는 지식체계는 이념(ideology)이다(신민철, 2007).

6.2

—

경제과학

조지프 슘페터(Joseph Alois Schumpeter)는 경제학을 경제과학(economic science)으로 인식했다. 슘페터가 경제학을 과학으로 인식한 주된 사유는 경제학이 수량적 측면을 갖기 때문이다. 이에 관한 설명은 그의 마지막 저서《경제 분석의 역사(History of Economic Analysis)》(1954)에서 완성되었지만, 그 이전의 저서[1]에서도 확인할 수 있다. 슘페터는 과학을 이념과 구별하면서 그 차이를 '분석(analysis)'에 두었다. 과학이 이념과 혼재되어 있는 상태를 '전과학적(pre-scientific)' 또는 '전분석적(pre-analytic)' 단계라고 한다. 이념과 완전히 무관할 수는 없지만, 과학은 세련된 상식과 수학 등의 도구적 지식(instrumental knowledge)을 통해 이념으로부터

1 1914년작《경제학의 역사와 방법(Epochen der Dogmen und Methodengeschichte)》.

탈피해 사실들 간의 인과관계를 규명하는 분석 단계를 거쳐야 한다(조지프 슘페터 지음, 성낙선 옮김, 2007).

슘페터가 말한 분석은 "초기 조건으로부터 결과를 연역하는 과정, 추론의 고리를 주의 깊게 살피는 과정, 지적 의견교환을 선동의 말들로 대체하도록 하는 상존하는 유혹을 물리치는 과정"[2]을 의미한다(Heilbroner and Milberg, 1995). 분석 이전의 단계에서 이론가는 자신의 이념으로부터 영향을 받는데, 과학 이전의 단계인 이 상태를 비전(vision)의 단계라고 한다(조지프 슘페터 지음, 성낙선 옮김, 2007). "비전은 모든 사회사상에 주입되어 있는 정치적 희망과 두려움, 사회적 고정관념, 그리고 가치판단을 의미한다. 비전은, 슘페터의 표현을 빌리면, '분석 이전의 인지 행위(pre-analytic action of cognition)'이고, 그 비전에 의해 지탱되는 분석 구조의 형식과 틀을 확립시킨다(Heilbroner and Milberg, 1995)."[3] 비전과 분석이 합쳐져서 지식체계의 기초가 형성되는 것이다.

슘페터는 과학적 이론이 선험적인 것이 아니라 사실의 관찰로부터 나온다고 보았다. 그렇지만 어떠한 통계적 사실도 한 명제를 확증하거나 반박하지는 못하므로 사실을 확증할 수는 없다. 그러므로 모든 이론의 한계를 인식하면서 제한적으로만 인과관

2 역서(박만섭, 2007) 인용.

3 역서(박만섭, 2007) 인용.

계를 규명하는 정밀성을 확보해야 한다고 주장한다(조지프 슘페터 지음, 성낙선 옮김, 2007). 이러한 관점은 우리가 5장에서 다양한 경제학파를 살펴본 목적과도 부합한다.

6.3

경제과학은 과학인가?

'경제학은 과학인가?'라는 물음에 대한 답은 경제학 및 과학에 대한 정의에 따라 달라진다. 흔히 과학이라고 할 때 우리는 자연과학을 먼저 떠올린다. 이렇게 보면 경제학은 과학이 될 수 없다. 하지만 사회과학을 포함한 넓은 의미의 과학을 말한다면 경제학을 과학이라고 할 수 있다.

경제학이 엄밀한 과학이라고 말하는 사람들은 경제학을 인간의 합리적 선택을 연구하는 학문으로 정의한다. 이들은 방법론적 접근법을 중시하고 추상적 이론 확립을 경제학의 목표로 삼는다. 이러한 경향이 심해지면, 다시 말하지만, 경제학적 제국주의로 흐를 위험이 있다. 또한 경제학을 물리학처럼 표현하려는 의도에서 수학적 방법론에 치중하게 된다. 이를 '물리학 선망(physics envy)'이라고 한다. 수학적 접근은 질적인 차이를 포착하기 어려

 우므로 경제학의 현실 설명력을 떨어뜨릴 수 있다.

> 경제학이 수학적인 과학일 수 있는가? 솔직한 대답은 그럴 수도 있고 그렇지 않을 수도 있다는 것이다. (…) 순수경제학(pure economics), 달리 말해 매우 추상적인 경제학에서는 확실히 수학적인 성격을 갖고 있는 것이 사실이다. 그러나 현실적 상황을 다루는 응용경제학(applied economics)은, 그 누구든 방정식을 보고 매우 다른 방법으로 현실을 추상적으로 설명할 수 있다는 사실을 잊게 하는 식으로 독자를 오도할 수 있다(Heilbroner, 1997).[4]

경제학의 과학적 타당성을 고집하는 것에 대한 비판적인 견해가 있다. "경제학이 과학이라는 외양을 가지게 된 것은 고전적 전통이 관여했던 체제가 결함과 불공정에 가득 차 있다고 비난받는 것에서 벗어나기 위한 노력 가운데서 가능했다(Galbraith, 1987)."[5] 사회적 관심을 외면하고 방관자적 태도를 취하기 위한 방편으로, 그러한 태도를 정당화하기 위해서 엄밀한 과학성을 강조한다는 것이다.

경제학은 과학이 아니라고 답하는 사람들은 인간의 실제 경제활동에 집중한다. 물론 이 경우에는 경제학이 자연과학처럼

4 역서(장상환, 2001) 인용.

5 역서(장상환, 2000) 인용.

답이 하나뿐인 학문이 될 수 없다는 뜻이다. 경제학을 엄밀한 과학이라고 한다면 모든 경제 문제에 올바른 답이 하나만 존재하게 된다.

(…) 모든 문제에 올바른 하나의 답이 존재하는 과학이기 때문에 비전문가들은 '전문가들이 합의한 결론(professional consensus)'을 믿고 더 이상 생각을 할 필요가 없다고 말이다. (…) 그러나 (…) 경제학이 물리학이나 화학 같은 의미의 과학이 되는 것은 불가능하다. 경제학에는 여러 가지 다양한 이론이 있고, 각 이론은 복잡한 현실의 서로 다른 면에 초점을 맞추고 있으며, 서로 다른 도덕적, 정치적 가치 판단을 적용해 결국 서로 다른 결론을 내린다. 게다가 경제학 이론들은 각자 초점을 맞추는 분야에서마저 실제 세상에서 벌이지는 일을 제대로 예측하는 데 계속 실패해왔다. 화학에서 다루는 분자나 물리에서 다루는 물체와는 달리 인간은 자유의지를 가진 존재이기 때문이다(Chang, 2002).[6]

경제는 인간의 행위와 관련하므로, 답이 하나뿐인 편협한 결론으로 이끄는 경제학은 인간을 배제한 학문에 머물 수밖에 없다. 시민의식을 지닌 정치적·경제적 의사결정의 주체가 되기 위해서는 전문가들이 제시한 '유일한' 결론에만 의지하면 안 된다.

6 역서(김희정, 2014) 인용.

(…) 물론 경제학이 해명하고자 하는 많은 문제를 분석하는 데 있어서, 경제학자들이 자신의 관찰 사실을 빈틈없이 보고해야 한다는 요구조건을 포함하여 과학적 방법을 동원할 수 있는 여지는 많다. 그러나 그것이 정책 권고에 이르게 되면, 마치 사회의 기정사실로부터 거역할 수 없이 도출된 것처럼 경제 분석을 제시하는 것은 불가능하다. 왜냐하면 사회에는 자연의 기정사실과 비교할 수 있는 그러한 것이 없기 때문이다. 뿐만 아니라 모든 사회질서 속에는 권력과 복종이 존재한다는 사실을 인정할 경우, 우리는 우리의 설명이 자연의 해명에서 추구하는 객관성을 충족했다고 주장할 수 없다. 다만 우리가 자연의 작동을 설명하는 데 사용하는 언어를 사회의 작동에 적용할 수 있을 뿐이다(Heilbroner, 1999).[7]

경제학이 과학인가 아닌가에 집착할 필요는 없을 것이다. 경제학이 자연과학이 될 수 없다는 것을 이해한 것으로 충분하다. 다만 과학적이고 체계적인 설명을 추구하는 사회과학의 특성을 무시해서도 안 된다. 슘페터의 주장대로 모든 이론의 한계를 인식하면서 경제 현상 및 경제 현상들 간의 관계를 이해하고 설명하려는 노력과 태도가 필요하다.

이어서 경제원론의 중심 내용을 다루려고 한다. 7장에서는 미시경제학을, 8장에서는 거시경제학을 공부한다.

7 역서(장상환, 2008) 인용.

7장

미시경제학

미시경제학은 가계와 기업의 의사결정과 시장에서의 상호작용을 연구한다. 이 장에서는 다양한 기준으로 재화의 성격을 확인하고, 미시적 분석의 기초인 경제적 잉여와 효용을 이해함으로써 기본적인 준비를 마친다.
이어서 시장경제의 핵심인 가격제도를 알아보고,
시장이 원활하게 기능하지 못하는 경우를 살펴볼 것이다.
가격제도의 작동과 결과를 이해하기 위해 수요와 공급의 원리, 탄력성, 시장의 배분 및 분배 기능을 들여다본다. 가격제도를 통한 시장할당 과정은 역동성과 자율성이라는 장점을 갖지만 가치 판단은 배제되어 있다는 점을 이해하는 것이 중요하다.*

* 7장의 주요 참고문헌은 토드 부크홀츠(Todd G. Buchholz)의《유쾌한 경제학(From Here to Economy)》, 로버트 하일브로너(Robert Louis Heilbroner)와 레스터 서로우(Lester Carl Thurrow)의《경제학은 무엇을 말할 수 있고 무엇을 말할 수 없는가(Economics Explained)》, 박도준의《시장실패 정부실패》다.

7.1

미시경제와 거시경제

경제 현상을 공중에서 조망하여 큰 그림을 그리는 것을 거시적 관점이라 하고, 현미경을 이용한 관찰을 미시적 관점이라고 한다.

총생산이나 총투자 등 경제의 대규모 흐름을 중시하는 거시적 관점을 거시경제라 하고, 산출물과 관련된 개별 경제주체의 행위를 포착하는 관점을 미시경제라 한다. "생산자(producer) 또는 소비자(consumer)로서 우리가 하는 선택은 경제생활에 지대한 영향을 미치는 거시적 문제로서, 구매자(buyer)와 판매자(seller)의 행위에 초점을 맞춘 미시적 측면과는 다른 관점이 필요하다(Heilbroner and Thurow, 1982)."[1]

1 역서(조윤수, 2009) 인용.

미시경제와 거시경제의 구분은 폴 새뮤얼슨(Paul Anthony Samuelson)의 1947년작 《경제분석의 기초(Foundations of Economic Analysis)》에서 유래한다. 앨프리드 마셜(Alfred Marshal)의 방식인 개체분석(individual analysis)과 존 메이너드 케인스(John Maynard Keynes)의 방식인 집단분석(collective analysis)을 명확히 구분한 것이다. 개체분석이란 개인의 행위를 통해 경제를 기술하고 분석하는 방법이다. 집단의 결정이 개체의 행위에 우선하고 더 큰 영향을 미친다고 판단하는 경우 집단분석이 요구된다(Heilbroner and Milberg, 1995).

역사상 가장 유명하고 대표적인 경제학 교과서 중 하나인 새뮤얼슨의 1948년작 《경제학(Economics)》의 출간을 계기로 시작된 경제(학)적 논의에서 미시경제학(microeconomics)과 거시경제학(macroeconomics)의 구분은 지금까지도 확고하게 유지되고 있다. 책에서 새뮤얼슨은 마셜의 관점을 '미시' 부분에, 케인스의 관점을 '거시' 부분에 나누어 배치함으로써 두 관점의 조화로운 통합을 추구했다(Heilbroner and Milberg, 1995).

"개별 소비자가 어떻게 행동하는지, 개별 기업이 어떤 선택을 하는지, 하나의 상품가격이 어떻게 결정되는지를 따지는 것을 '미시경제학'이라고 한다. 그와 달리 성장은 어떻게 이루어지고, 물가는 왜 오르며, 실업률이나 환율의 변동은 무엇 때문에 일어나고, 이 모든 것들이 서로 어떤 관련을 맺고 있는지, 한마디로 국민경제 전체의 흐름과 변화를 연구 대상으로 삼는 경제학을 '거시경제학'이라고 한다(유시민, 2002)."

미시경제학은 가계와 기업의 의사결정과 시장에서의 상호작용을 연구하며, 거시경제학은 경제사회 전체의 경제 현상과 경제 문제를 연구한다. 연구 과제와 방법이 다르지만, 거시적 경제 현상은 미시적 경제 현상에서 비롯되고 상호작용이 존재하므로 양자는 밀접한 관련성을 갖는다(Mankiw, 2019).

7.2

재화와 용역

생산·교환·분배·소비와 관련된 경제 행위의 주요 무대는 시장이고, 경제주체는 두 시장에서 만나게 된다. 재화 및 용역 시장(market for goods and service)에서는 기업이 판매자, 가계가 구매자다. 생산요소시장(market for the factors of production)에서는 가계가 판매자, 기업이 구매자다. 재화의 생산 및 소비를 경제 행위의 기초로 보고, 다양한 기준에 따라 재화의 종류를 구분하면 다음과 같다.[2]

2 재화의 구분에서는 재화와 용역 모두를 포함한다.

재화와 비재화

재화(goods)의 소비는 효용(utility)을 부여하므로 양(+)의 가치로 거래된다. 비재화(bads)는 비효용(disutility)을 제공하므로 음(-)의 가치로 거래된다. 처리해야 하는 쓰레기가 비재화의 대표적 사례다.

자유재와 경제재

자유재(free goods)는 희소성이 없어 대가를 지불하지 않고 소비할 수 있는 재화를, 경제재(economic goods)는 희소성이 있어 대가를 지불해야만 소비할 수 있는 재화를 말한다. 경제재는 사용 목적에 따라 소비재(consumer goods)와 생산재(producer goods)로 나눌 수 있다. 소비재는 최종 소비자가 사용하는 재화를 말하고, 생산재는 소비재 생산에 사용되는 재화를 말하며, 자본재(capital goods) 또는 투자재(investment goods)라고도 한다.

가치재와 비가치재

소비자가 효용 또는 쾌락은 과소평가하고 비효용 또는 고통은 과대평가하는 재화를 가치재(merit goods)라고 한다. 교육, 의료 등이 대표적인 예로, 바람직한 양보다 적게 소비되는 경향이 있어 정부가 소비권장 목적으로 공급을 담당한다. 비가치재

(demerit goods)는 소비자가 효용은 과대평가하고 비효용은 과소평가하는 재화를 말한다. 술, 담배, 마약 등이 대표적인 비가치재다. 일반적으로 정부는 비가치재의 생산이나 소비를 억제하는 정책을 시행한다.

정상재와 열등재

소득이 증가하면 수요가 증가하는 대부분의 재화를 정상재(normal goods)라고 한다. 정상재는 우등재(superior goods)라고도 하며, 수요의 소득탄력성에 따라 필수재(essential goods)와 사치재(luxury goods)로 나눌 수 있다.[3] 어떤 재화는 소득 증가에 따라 수요가 감소하는데, 이를 열등재(inferior goods)라고 한다. 어떤 사람이 소득이 증가하여 라면 소비를 줄였다고 하면, 그에게 라면은 열등재다.

대체재와 보완재

재화는 연관재(dependent goods)의 가격 변화에 따라 수요가 증감하는 형태별로 구분할 수도 있다. 대체재(substitutes)

3 필수재는 수요의 소득탄력성이 1보다 작다. 이 경우 수요가 소득비탄력적이라고 하며, 수요의 증가 속도가 소득의 증가 속도보다 느리다는 뜻이다. 사치재는 수요가 소득탄력적이다. 탄력성에 대해서는 7장 4절(146쪽) 참조.

란 연관재의 가격 하락에 따라 수요가 감소하는 재화를 말한다. 햄버거의 가격 하락에 따라 햄버거 수요가 증가하고 핫도그 수요가 감소한다면 두 재화는 서로에게 대체재가 된다. 보완재(complements)란 연관재의 가격 하락에 따라 수요가 증가하는 재화를 말한다. 식빵 가격이 하락함에 따라 버터 수요가 증가한다면 두 재화의 관계는 보완재다. 연관재가 아닌 재화를 독립재(independent goods)라고 한다.

배제성과 경합성

재화는 배제성과 경합성이라는 2가지 특성을 기준으로 구분할 수 있다. 배제성(excludability)은 일부 사람들의 재화 소비를 금지할 수 있는 특성이다. 경합성(rivalry in consumption)이 있는 재화는 한 사람이 어떤 재화를 소비할 경우 다른 사람이 소비할 수 있는 재화의 양이 줄어드는 경우에 해당된다.

배제성과 경합성 유무를 기준으로 재화를 4가지로 구분할 수 있다(Mankiw, 2019).

첫째, 배제성과 경합성을 모두 가진 재화를 사유재 또는 민간재(private goods)라고 한다. 우리가 소비하는 대부분의 재화는 사유재다. 사적 재화라고도 한다.

둘째, 배제성과 경합성이 모두 없는 재화를 공공재(public goods)라고 한다. 국방과 치안이 대표적인 공공재다. 공공재는, 공

유자원과 함께, 외부효과와 마찬가지로 대가를 지불하지 않는 사람들에게도 효용을 제공한다.[4]

셋째, 배제성은 없고 경합성만 가진 재화를 공유자원(common resources)이라고 한다. 무료도로의 경우 혼잡하지 않으면 공공재로 볼 수 있지만, 혼잡한 무료도로는 공유자원이다. 배제성이 없는 무료도로는 혼잡도가 높아 경합성을 갖게 되면 공유자원으로 분류된다.

넷째, 배제성은 있지만 경합성은 없는 재화를 클럽재(club goods)라고 한다. 가입 회원에게만 제공되는 다양한 유료서비스의 경우가 클럽재에 해당한다. 유료도로의 경우 혼잡하지 않으면 클럽재로 볼 수 있지만, 혼잡한 유료도로는 사유재다. 배제성이 있는 유료도로가 높은 혼잡도로 경합성을 갖게 되면 사유재로 분류된다.

4 외부효과에 대해서는 7장 5절(157쪽)에서 설명한다.

7.3

—

경제적 잉여

경제학에서는 경제주체의 만족 또는 행복을 효용(utility) 또는 후생(welfare)이라고 한다. 개인적 차원에서는 효용을, 사회적 차원에서는 후생이라는 표현이 주로 사용된다. 효용은 개인의 주관적 만족을, 후생은 사회적 충족을 말한다.

잉여

경제 행위를 통해 얻는 이득을 양적으로 표현한 개념을 경제적 잉여(economic surplus)라고 한다. 경제사회 전체의 잉여를 사회적 잉여(social surplus)라고 하며, 이는 소비자잉여(consumer surplus)와 생산자잉여(producer surplus)로 구성된다. 소비자잉여는 수요자잉여(demander surplus), 생산자잉여는 공급자잉여(supplier surplus)라고도 한다. 소비자잉여는 소비자가 시장에 참여함으로써 얻는 이득으로, 소비를 통해 얻은 가치에서 실제 지급한 가격을 뺀 금액이고, 생산자잉여는 생산자가 시장에 참여함으로써 얻는 이득으로, 실제 받은 가격에서 생산비용을 뺀 금액이다.

더운 여름날, 심한 갈증을 느끼는 甲(갑)이 음료수 한 병에 대해 2,000원의 가치를 부여한다고 해보자. 음료수 한 병의 가격이 1,000원이라면 甲은 구매를 선택할 것이다. 음료수 한 병을 마신 후에도 갈증이 해소되지 않아 한 병 더 마시고 싶다고 한다면 두 번째 병에 대해서는 갈증이 일부 해소되었으므로 1,500원의 가치를 부여한다. 甲이 부여한 가치가 가격보다 높으므로 甲은 음료수를 한 병 더 구매한다. 세 번째 병에 1,100원의 가치를 부여한다면 이 또한 구매한다. 그런데 甲이 음료수 한 병에 부여하는 가치가 800원으로 낮아진다면 네 번째 병은 구매하지 않을 것이다. 甲이 첫 번째 음료수 한 병에 2,000원의 가치를 부여하는 것을 경제학적 표현으로는 '甲의 지불용의(willingness to pay)가 2,000원'이라고 한다. 지불용의가 가격을 초과하는 경우에 구매를 선택하며, 이 초과하는 크기가 경제적 잉여다. 네 번째 병의 경우에는 지불용의보다 가격이 높으므로, 즉 가격이 가치보다 높기에 구매하지 않는다. 이렇게 해서 甲은 음료수 구매를 통해 총 1,600원(=1,000원+500원+100원)의 이득을 얻었다. 甲의 경제적 잉여는 1,600원이다.

페인트공인 乙(을)은 일정 크기의 한 벽면을 칠하는 데 3시간이 걸린다. 乙은 적당한 소득과 여가를 원하므로 하루 중 한정된 시간만 노동에 할애하고자 한다. 첫 번째 벽면을 칠하는 대가로 1만 원을 원하고, 두 번째는 3만 원, 세 번째는 5만 원, 네 번째는 7만 원을 받고자 한다. 어느 특정한 날에 벽면에 페인트를 칠하는 노동의 시장가격이 6만 원이라면 乙은 첫 번째와 두 번째, 그리고 세 번째 벽면을 칠하는 노동계약은 수락하지만 네 번째는 거절할 것이다.

乙이 노동을 공급하고 받고자 하는 금액을 수취용의(willingness to be paid) 또는 판매용의(willingness to sell)라고 한다. 첫 번째와 두 번째, 세 번째 벽면의 경우 받고자 하는 금액보다 가격이 높으므로 판매(노동공급)를 선택하고, 이 차이가 경제적 잉여다. 네 번째 벽면은 수취용의가 가격보다 높으므로 판매하지 않는다. 이렇게 해서 乙은 노동공급을 통해 총 9만 원(=5만원+3만원+1만원)의 이득을 얻었다. 乙의 경제적 잉여는 9만 원이다.

특정 제품에 대한 시장 전체 소비자잉여의 합을 총소비자잉여(total consumer surplus), 생산자잉여의 합을 총생산자잉여(total producer surplus)라고 한다. 소비자잉여와 생산자잉여의 합은 수요곡선과 공급곡선이 교차하는, 즉 수요량과 공급량이 일치하는 지점의 거래량에서 최대가 된다. 이 균형거래량(equilibrium volume)보다 시장거래량이 적거나 많으면 잉여의 손실이 발생한다. 이를 사중손실(또는 자중손실, deadweight loss)[5]이라고 한다. 사중손실이 발생했다는 것은 경제적 비효율이 존재하여 후생이 감소했음을 뜻하고, 이러한 비효율을 제거함으로써 개선의 여지가 있음을 알려준다.

시장에서의 거래는 소비자와 생산자에게 잉여를 발생시키고, 이 잉여는 후생수준을 가늠하는 기준이 된다. 또한 수요량과 공급량이 불일치하면 가격이 신속히 움직여 균형을 회복한다. 수요량과 공급량이 같아지는 균형가격과 균형거래량에서 해당 제품으로 발생하는 잉여, 즉 후생이 최대가 된다(박도준, 2014).

경제정책은 시행으로 인한 잉여의 증감을 측정함으로써 그 적절성을 평가할 수 있다. 잉여의 감소를 불러오는 정책의 시행은 형평성 등과 같이 후생손실보다 가치 있는 다른 목적을 추구하는 경우가 아니라면 부적절하다고 판단하면 된다.

5 선박의 사용량을 표시하는 용어에서 유래했다. 용량 100톤인 선박의 선체 무게가 10톤이라면 실제로 적재할 수 있는 화물 용량은 90톤이고, 선체 무게 10톤을 사중손실이라고 한다(박도준, 2014). 사중손실을 경제적 순손실이라고도 한다.

효용

효용이라는 용어는 경제학을 어렵게 만드는 요소 중 하나다. 유용성이라는 뜻으로 만족 또는 행복으로 바꿔도 아무런 문제가 없다. 개인의 주관적 만족을 의미하므로 앞의 사례에 적용하면 명확히 이해할 수 있다. 첫 번째 음료수가 甲에게 주는 효용의 크기는, 甲의 구매 결정을 통해 드러난 바에 따르면, 2,000원이다. 두 번째 음료수는 1,500원, 세 번째 음료수는 1,100원, 네 번째 음료수는 800원이다. 甲은 음료수 3병을 구매했으므로 甲의 총효용(total utility)은 4,600원이다.

한계(marginal)라는 개념도 경제학을 어렵게 만드는 요소다. '미미한'이란 뜻으로 경제 행위를 가능한 최소 단위로 나누어서 볼 때 마지막 한 단위를 의미한다. 이와 관련한 한계이론 또는 한계분석의 핵심은 탐구의 초점을 점증적인 변화에 두고자 하는 집요한 추구에 있다(Buchholz, 2007).

한계효용(marginal utility)이란 한 단위의 재화를 소비할 때 얻는 효용을 뜻한다. 甲의 사례에서 첫 번째 음료수를 소비한 시점의 한계효용은 2,000원이다. 이후 음료수 소비의 한계효용은 1,500원, 1,100원으로 줄어든다. 이를 한계효용체감의 법칙(law of diminishing marginal utility)[6]이라고 한다.

6 1840년대 생리학자들이 동일한 자극이 지속적으로 반복되면 점차 둔감하게 반응하는 특성을 지닌 신경세포를 발견하고 이를 '한계자극체감의 법칙'이라고 명명했다. 이를 차용하여 경제학자들이 한계효용체감의 법칙이라는 표현을 사용했다(유시민, 2002).

예산의 제약이 존재하는 상황에서 2개 이상의 재화를 소비할 때 효용극대화의 조건은 선택하는 모든 재화의 한계효용이 균등해지는 양까지 소비하는 것이다, 이를 한계효용균등의 법칙(law of equi-marginal utilities)이라고 한다.[7] 한정된 화폐를 가지고 2가지 재화를 소비할 때 재화를 구매하는 데 쓴 화폐의 한계효용이 같아지도록 해야 한다. 어느 시점에서 재화1의 화폐 1단위당 한계효용이 재화2의 화폐 1단위당 한계효용보다 크다면 재화1의 소비를 늘리고 재화2의 소비를 줄이면 된다. 그렇게 하면 재화1의 한계효용은 감소하고 재화2의 한계효용은 증가해서 둘이 같아지는 지점에서 한정된 화폐로 최대의 효용을 얻을 수 있다.

7 한계분석(marginal analysis)의 도입으로 근대 경제학을 탄생시킨 한계(주의)혁명(marginal revolution)은 윌리엄 제번스(William Stanley Jevons), 카를 멩거(Karl Menger), 레옹 발라(Marie-Esprit-Léon Walars)에 의해 주도되었다. 이들에 앞서 하인리히 고센(Herman Heinrich Gossen, 1810~1858)이, '한계(marginal)'라는 용어를 사용하지 않았고 주목을 받지 못했지만, 고센의 제1법칙(한계효용체감의 법칙)과 고센의 제2법칙(한계효용균등의 법칙)을 발표했다(유시민, 2009). 제번스는 최종효용(final degree of utility)이라는 용어를 사용했다(Heilbroner, 1997; 유시민, 2009). 한계분석을 광범위하게 적용하여 한계주의 전통을 확립한 사람은 앨프리드 마셜(Alfred Marshall)이며, 이에 앞서 프랑스 계량경제학자 쿠르노(Antoine Augustin Cournot, 1801~1877)와 독일 경제학자 튀넨(Johann Heinrich von Thűnen, 1783~1850)과 고센이 한계분석 연구를 시도했다(Buchholz, 2007). 한계혁명에서 또 한 명의 주역은 생산자의 생산요소선택이론인 한계생산력이론(theory of marginal productivity)을 수립한 존 베이츠 클라크(John Bates Clark, 1847~1938)다.

7.4

가격제도

미시적 관점의 핵심은 시장에서 재화와 용역의 가격이 결정되는 과정을 설명하는 것이다. 이는 동시에 개별 소비자(또는 구매자)와 생산자(또는 판매자)의 선택이 이루어지는 과정이기도 하다. 전체 시장으로 확장해서 보면 수요 및 공급(demand and supply)의 원리와 경쟁(competition)의 힘이 짝을 이루어 소비자와 생산자의 행위를 조화롭게 결합하는 방식이다(Buchholz, 1995). 이를 가격제도(price system)라고 한다. 이러한 시장의 작동 원리를 애덤 스미스(Adam Smith)는 '보이지 않는 손(invisible hand)'이라는 말로 신비롭게 표현했다.

그림 7-1 甲(갑)의 수요곡선과 소비자잉여

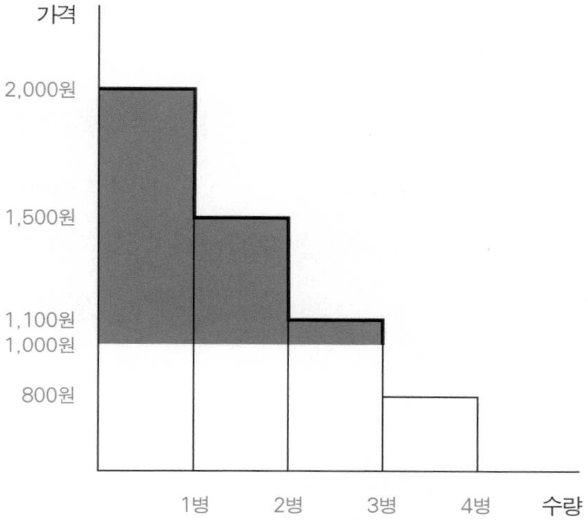

수요와 공급

시장가격이 주어졌을 때 개별 소비자가 구매하고자 하는 수량들을 연결한 선을 그 소비자의 수요곡선(demand curve)이라고 한다. 앞의 3절에서 甲(갑)의 수요곡선은 그림 7-1과 같이 나타낼 수 있다.

음영으로 칠해진 부분은 甲의 경제적 잉여(소비자잉여)를 나타낸다. 우하향하는 수요곡선은 가격이 상승하면 수요량이 감소하고, 가격이 하락하면 수요량이 증가한다는 수요의 법칙을 보여준다. 가격이 하락하면 해당 상품 구매가 다른 상품 구매보다 유리해지고, 가격이 상승하면 소득이 줄어드는 것과 같기 때문이다.

특정 재화와 용역에 대한 시장 전체의 수요곡선은 개별 소비자들의 수요곡선을 수평으로 합친 것이다. 기존의 높은 가격에서는 잉여를 누릴 수 없었던 소비자들도 가격이 하락함에 따라 새로이 잉여를 누릴 수 있게 되므로, 가격 하락에 따라 수요량이 증가한다. 따라서 시장 수요곡선은 음(-)의 기울기를 갖는다. 또한 수많은 소비자들의 수요량을 표시하면 그림 7-1과 달리 매끄러운 모양의 시장 수요곡선(그림 7-3)을 그릴 수 있다.

주어진 시장가격에서 개별 생산자가 판매하고자 하는 수량들을 연결한 선을 그 생산자의 공급곡선(supply curve)이라고 한다. 3절에서 乙(을)의 공급곡선은 그림 7-2와 같이 나타낼 수 있다.

그림 7-2 乙(을)의 공급곡선과 생산자잉여

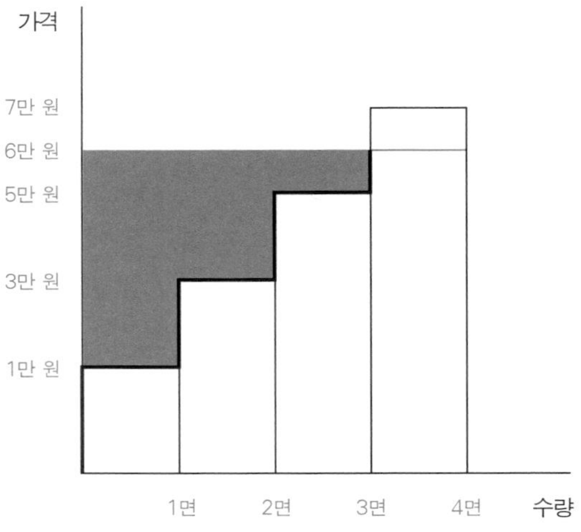

음영으로 칠해진 부분은 乙의 경제적 잉여(생산자잉여)를 나타낸다. 우상향하는 공급곡선은 가격이 상승하면 공급량이 증가하고, 가격이 하락하면 공급량이 감소한다는 공급의 법칙을 보여준다. 이윤극대화를 추구하는 생산자로서는 가격이 높을수록 더 많은 이윤을 얻을 수 있기 때문이다. 그러나 가격 인상을 통한 이윤추구 행위는 경쟁의 원리에 의해 제한받는다.

특정 재화와 용역에 대한 시장 전체의 공급곡선은 개별 생산자들의 공급곡선을 수평으로 합친 것이다. 기존의 낮은 가격에서는 잉여를 누릴 수 없었던 생산자들도 가격이 상승함에 따라 새로이 잉여를 누릴 수 있게 되므로, 가격 상승에 따라 공급량이

그림 7-3 수요곡선과 공급곡선

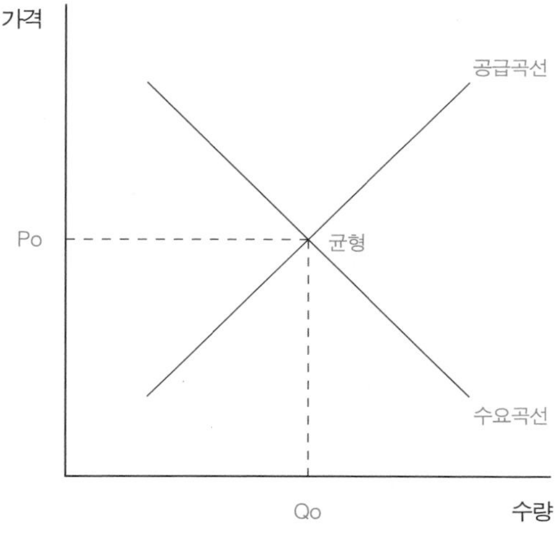

증가한다. 따라서 시장 공급곡선은 양(+)의 기울기를 갖는다. 또한 수많은 생산자들의 공급량을 표시하면 그림 7-2와 달리 매끄러운 모양의 시장 공급곡선(그림 7-3)을 그릴 수 있다.

그림 7-3에서 수요곡선과 공급곡선이 교차하는 지점의 가격인 P_0를 균형가격(equilibrium price), 거래량 Q_0를 균형거래량(equilibrium quantity)이라고 한다. 균형가격과 균형거래량이 만나는 지점을 시장균형(market equilibrium)[8]이라고 한다. 소비자들은 원하는 만큼 살 수 있고 생산자들은 원하는 만큼 팔 수 있는 만족스러운 상태이므로 균형가격을 시장청산가격(market-clearing price)이라고도 한다. 가격이 균형가격과 다르거나 거래량이 균형거래량과 다를 경우 소비자와 생산자의 만족이 효율적으로 충족되지 않는다.

그림 7-4를 보면서 시장균형에서 이탈한 상황을 살펴보자.

가격이 균형가격보다 높거나 낮다고 가정하자. 가격이 균형가격보다 높은 P_1이면 수요량은 Q_1이고, 공급량은 Q_2이므로 공급량이 수요량보다 많아 팔리지 않은 재화가 남아돌게 된다. P_1의 가격으로 공급하려는 양이 수요하려는 양보다 많으므로 초과공급(excess supply) 상태가 된다. 공급자들이 판매 경쟁을 벌이면서 가격 하락 움직임이 나타난다. 이후 공급량의 감소와 수요량의

8 균형(equilibrium)이란 여러 종류의 힘이 평형을 이루는 상태로, 외부 충격이 없는 한 현 상태를 유지함을 뜻한다.

그림 7-4 초과공급, 초과수요와 후생손실

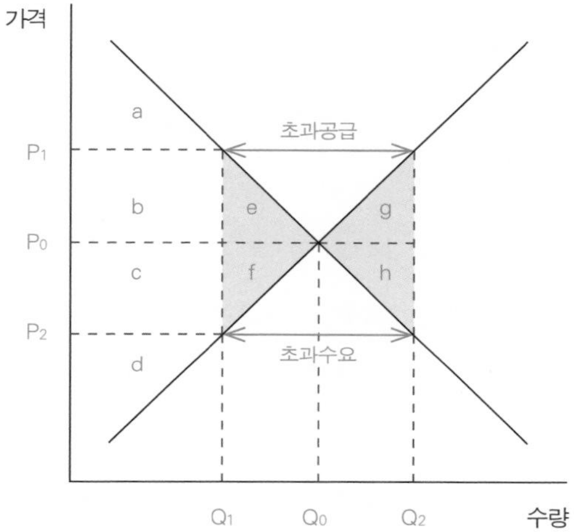

증가 흐름이 시장균형점에 이르면 다시 안정을 찾는다.

가격이 균형가격보다 낮은 P_2라면 공급량은 Q_1이고, 수요량은 Q_2이므로 수요량이 공급량보다 많아 재화의 부족 현상이 나타난다. P_2의 가격으로 수요하려는 양이 공급하려는 양보다 많으므로 초과수요(excess demand) 상태가 된다. 수요자들의 구매 경쟁으로 가격 상승 움직임이 일어난다. 이후 수요량의 감소와 공급량의 증가 흐름이 시장균형점에 이르면 다시 안정을 찾는다.

이와 같이 시장가격의 움직임으로 수요와 공급이 넘치거나 부족하지 않게 조정하여 균형을 유지하는 원리를 수요공급의 법칙(law of demand and supply)이라고 한다.

시장균형점에서 사회적 잉여가 최대가 된다는 사실은 경제적 잉여를 측정함으로써 확인할 수 있다.

소비자잉여의 크기는 우하향하는 수요곡선과 세로축의 시장가격에서 그은 수평선 사이의 삼각형 면적으로 측정할 수 있다. 생산자잉여의 크기는 우상향하는 공급곡선과 세로축의 시장가격에서 그은 수평선 사이의 면적으로 측정할 수 있다. 균형점(P_0-Q_0)에서의 사회적 잉여는 소비자잉여(a+b+e)와 생산자잉여(c+d+f)를 합한 면적으로 나타낼 수 있다.

거래량이 균형거래량보다 많거나 적다고 가정해보자. 거래량이 균형거래량보다 적은 Q_1이면 사회적 잉여(a+b+c+d)가 줄어들어 균형점 대비 후생의 손실(e+f)이 발생한다.[9] 소비자는 마지막 1단위 소비에 대한 가치가 P_1이므로 P_1만큼 지불하려고 한다. 생산자는 마지막 1단위 생산에 대한 비용이 P_2이므로, P_2만큼 수취하려고 한다. 가치(P_1)가 비용(P_2)을 초과하는 상태($P_2 < P_1$)이므로 생산을 늘리면 잉여를 증가시킬 수 있다.

거래량이 균형거래량보다 많은 Q_2인 상태에서도 사회적 후생의 손실이 발생한다. 생산자는 마지막 1단위 생산비용이 P_1이므로 P_1만큼 수취하려고 한다. 소비자는 마지막 1단위 소비의 가치가 P_2이므로 P_2만큼 지불하려고 한다. 비용(P_1)이 가치(P_2)를 초과하는 상태이므로 생산을 줄임으로써 감소하는 비용이 소비

9 사회적 잉여는 거래가격이 P_1이라면 소비자잉여(a)와 생산자잉여(b+c+d)의 합이고, 거래가격이 P_2라면 소비자잉여(a+b+c)와 생산자잉여(d)의 합이다.

를 늘림으로써 발생하는 가치보다 크다. 그러므로 거래량이 Q_0로 줄 때까지 후생이 증가한다. 즉, 거래량이 균형거래량보다 많으면 후생손실(g+h)이 발생한다.

탄력성

탄력성(elasticity)이란 경제주체가 시장 조건의 변화에 대응하는 민감도(sensitivity) 또는 반응도(responsiveness)를 측정하는 척도다.[10] 시장 조건의 변화에 따른 영향은 방향과 크기를 갖는다. 수요공급의 원리는 정성적(qualitative) 분석으로 방향을 설명하고, 탄력성은 정량적(quantitative)으로 크기를 가늠해준다.

탄력성은 앨프리드 마셜 경제학의 주요 분석 도구로, 3가지 결정 요인이 있다. 첫째, 대체재의 존재다. 선택 대안이 많은 상품의 수요는 탄력적이다. 둘째, 시간적 여유다. 대체재를 찾을 시간이 주어지면 수요는 탄력적으로 변한다. 셋째, 예산에서 차지하는 비중이다. 저가 상품의 수요는 비탄력적이다. 마셜은 탄력성이라는 개념으로 경제이론과 경제 현상의 조화를 추구했다(Buchholz, 2007). "경제에 관한 과학적 접근은 전체적인 인과의 틀 속에서 각 요소들 간의 상호 연결을 시도하는 것이다. 탄력성은

10 탄력성이 자주 사용되지만 민감도가 더 적절한 표현이다(Harford, 2006).

이 인과관계의 크기를 나타낸다(Strathern, 2001)."[11]

수요의 가격탄력성(price elasticity of demand)은 가격이 변할 때 수요량이 변화하는 크기를 나타낸다. 수요량의 변화율을 가격의 변화율로 나누어 계산한다. 수요곡선의 기울기가 완만할수록 수요의 가격탄력성이 크고, 수요곡선의 기울기가 급할수록 수요의 가격탄력성이 작다. 수요곡선의 기울기가 1인 경우를 기준으로[12] 기울기가 1보다 작은 경우 탄력적(elastic)이라 하고 기울기가 1보다 큰 경우 비탄력적(inelastic)이라고 한다. 수요곡선이 수평이면 완전 탄력적(perfect elastic), 수요곡선이 수직이면 완전 비탄력적(perfect inelastic)이다.

수요의 탄력성이 크다는 것은 소비자가, 다른 대안이 존재하는 등의 사유로, 조건 변화에 대응할 여력이 크다는 뜻이다. 그러므로 대체재가 있다면 그 재화의 수요는 탄력적이다. 재화의 구분이 광범위한 정의에 따를 경우에는 대체재를 찾기가 어려워지므로[13] 수요는 비탄력적이 된다. 필수품에 대한 수요가 그렇다. 분석 기간을 길게 잡으면 소비자가 다양한 대응책을 마련할 수 있으므로 탄력성이 증가한다.

소득 변화에 대한 탄력성도 측정할 수 있는데, 이를 수요의

11 역서(김낙년·천병윤, 2002) 인용.

12 기울기가 1인 경우 단위탄력적(unit-elastic)이라고 한다.

13 재화의 구분이 쌀에서 식품으로 변경되면 대체재를 찾기가 더 어려워진다.

소득탄력성(income elasticity of demand)이라고 한다. 수요량의 변화율을 소득의 변화율로 나누어 계산한다.

공급의 가격탄력성(price elasticity of supply)은 가격이 변할 때 공급량 변화의 크기를 나타낸다. 공급량의 변화율을 가격의 변화율로 나누어 계산한다. 공급의 가격탄력성을 결정하는 중요한 변수는 분석 기간으로, 단기보다는 장기의 공급이 탄력적이다. 장기에는 생산시설의 증감을 통해 조건 변화에 대응할 여력이 증가하기 때문이다.

시장할당

시장을 통한 할당 과정(market rationing process)은 가격제도를 통해 이루어진다. 시장은 균형가격의 형성으로 시장 거래에 참여할 경제주체와 배제할 경제주체를 결정한다. 균형가격 이상의 가격을 지불할 의향이 있는 구매자는 상품을 소비(또는 구매)할 수 있고, 균형가격 이하의 가격을 수취할 의향이 있는 판매자는 상품을 생산(또는 판매)할 수 있다. 시장은 소비 욕구나 능력이 부족한 구매자와 생산 욕구나 능력이 부족한 판매자를 시장에서 배제하는 수단으로 작용한다.

가격제도를 통한 시장할당 과정은 2가지 큰 장점이 있지만, 공정성 여부 등의 가치 판단은 배제되어 있다(Heilbroner and Thurow, 1982). 첫 번째 장점은 역동성(dynamic)이다. 전통에 의한 경제 문제 해결 방식은 정태적이고 수동적이므로 환경 변화에 대응하기가 곤란하다. 명령에 의존하는 경제 문제 해결 방식 역시 사회의 복잡도가 증가할수록 관료화와 비효율의 부작용에 시달릴 가능성이 크다. 이에 반해 시장할당 과정은 가격제도의 역동성에 힘입어 매우 효율적이다. 개별 생산자와 소비자는 가격이라는 신호에 따라 만족을 추구하는 행위를 지속하기만 하면 사회적 후생이 최대화되는 효율적 결과가 도출된다. 두 번째 장점은 자율성(self-enforcing)이다. 어떠한 사전 계획이나 사후 관리가 없더라도 균형으로 향하는 가격제도의 자체 조정 작용 덕분에 분배 기능이 원활하게 작동한다.

그렇지만 시장할당 과정은 물질적 능력이 부족한 자를 거래에서 배제하므로 항상 정의롭지는 않다. 효율성(efficiency)만 추구한다면 문제없지만, 사회 구성원들에게 균등하게 경제적 혜택이 분배되어야 한다는 형평성(equality)을 추구한다면 불완전한 분배체계다. 그러므로 경제 문제를 사회문제로 인식한다면 시장을 통한 분배 결과에 간섭할 수밖에 없다. 상이한 정치적 주장의 기저에는 이렇게 효율성과 형평성 중에서 더 중요한 것이 무엇인가 하는 견해의 차이가 존재하는 것이다.[14]

14 경제학이 윤리적인 문제를 직접적으로 해결하지는 못하지만 정확하게 인식하도록 해줄 수는 있다(Harford, 2006).

7.5

—

시장실패

자원의 배분과 산출물의 분배는 시장을 통한 할당 과정을 통해 효율적으로 이루어진다. 그러나 시장에서 결정된 균형거래량 수준에서 사중손실이 발생하는 특수한 경우가 있다. 이와 같이 시장할당의 결과가 최적 사회후생 수준에 미달하는 경우를 시장실패(market failure)라고 한다.[15] 시장실패가 발생하는 4가지 특수한 경우를 살펴보자(박도준, 2014).

공공재

비배제성(non-excludability)과 비경합성(non-rivalry)을 특성

15 시장실패에 대한 대응은 8장 5절(193쪽)에서 설명한다.

으로 하는 공공재는 무임승차(free ride) 문제를 발생시킨다. 공공재는 일단 공급되면 생산비용 지급 여부와 무관하게 자유로운 사용이 가능하므로 공공재 이용자는 생산비용 지급을 최소화하거나 회피할 유인을 갖게 된다. 그러므로 공공재 생산을 시장에만 맡겨둘 경우 최적 생산량에 미달하게 되어 후생의 손실이 발생한다. 정부의 역할이 필요한 이유가 여기에 있다. 가격제도를 왜곡하여 사중손실을 발생시킴에도 불구하고 정부가 세금을 징수하는 주요한 목적 중 하나는 공공재를 원활하게 공급하기 위함이다.

독과점

시장체제는 수요공급의 원리와 경쟁의 힘으로 작동한다. 그러므로 시장에 대한 논의는 다수 공급자 간의 원활한 경쟁이 이루어지는 완전경쟁시장(perfect competitive market)을 기본으로 한다. 그러나 경쟁의 힘이 제한되는 특수한 경우가 존재한다. 바로 독과점이다. 독점(monopoly)은 대체재가 존재하지 않는 특정 재화를 공급하는 자가 유일한 경우, 과점(oligopoly)은 공급자의 수가 소수인 경우를 뜻한다. 독과점시장(monopoly and oligopoly market)의 독점기업과 과점기업은 완전경쟁시장의 균형점 대비 적은 생산량을 높은 가격에 공급하므로 사중손실이 발생한다.

정부는 독과점으로 인한 비효율을 최소화하기 위해 노력한다. 독과점금지법(antitrust law) 등 독과점제한정책을 실시하거나, 가격상한제(price ceiling, 또는 최고가격제)를 통해 경쟁시장의 가격과 생산량 수준을 회복하고자 한다. 그러나 이 과정에서 정책효과가 미미하거나 판단 착오로 상황을 악화시키는 경우도 발생한다. 이를 정부실패(government failure)라고 한다.

외부효과

외부효과(externality)는 대가의 수취나 지급이 없는 경제행위가 다른 사람의 후생에 영향을 미치는 경우에 발생한다. 즉, 한 사람의 행위가 시장을 통하지 않고 다른 사람에게 경제적으로 이익 또는 손해를 주는 현상을 말한다. 다른 사람의 후생을 증가시키는 경우 긍정적(positive) 외부효과 또는 외부경제(external economies), 감소시키는 외부효과를 부정적(negative) 외부효과 또는 외부비경제(external diseconomies)라고 한다. 건물 미화작업은 대표적인 긍정적 외부효과의 예이고, 생산과정에서의 오염물질 배출은 부정적 외부효과의 대표적인 예라고 할 수 있다. 생산 및 분배의 의사결정 과정에서 이러한 외부효과가 고려되지 않으면 시장 균형이 후생의 최적화를 가져오지 못한다. 즉, 자원 배분을 왜곡함으로써 후생손실을 초래한다.

외부경제가 존재하면 사회적 가치(social value)가 사적 가치(private value)보다 크므로 시장 균형 생산량이 사회적 최적 생산량에 미달하게 된다. 이에 정부는 보조금 지급 등을 통해 생산량을 증가시켜 사중손실을 제거하고자 한다. 외부비경제가 존재하면 사회적 비용(social cost)이 사적 비용(private cost)보다 크므로 시장 균형 생산량은 사회적 최적 생산량을 초과하게 된다. 따라서 정부는 세금[16] 부과 등을 통해 생산량을 감소시켜 사중손실을 제거하고자 한다.

정보비대칭

정보비대칭(information asymmetry)이란 경제주체들이 보유한 정보의 양과 질이 차이 나는 경우를 말한다. 역선택(adverse selection)과 도덕적 해이(moral hazard)[17]가 대표적인 정보비대칭 문제다. 정보의 불균형으로 정보 보유자가 정보 미보유자의 이익에 반하는 행동을 취함으로써 원활한 거래를 제한하게 된다(김동옥, 2021). 시장실패는 공급자와 수요자 간 정보비대칭 상황에서 발생한다.

중고차시장에서 양질의 중고차 소유자는 저질의 차량 소유자보다 높은 가격을 원한다. 정보가 부족한 구매자들은 차량

16 이를 피구세(Pigouvian tax)라고 하는데, 아서 피구(Arthur Cecil Pigou, 1877~1959)가 1920년작 《후생경제학(The Economics of Welfare)》에서 제안했다. 피구는 소득재분배를 통해 사회적 후생을 증가시킬 수 있다고 주장함으로써 복지국가(welfare state)의 탄생에 일조했다(Galbraith, 1987).

17 이익의 사유화와 손실의 사회화를 도모하므로 개인적으로는 합리적이지만 사회적으로는, 시장경제의 중요한 원칙 중 하나인, '자기책임의 원리(또는 과실책임의 원리, principle of liability with fault)'를 무너뜨리는 부정적 결과를 초래한다(유시민, 2002).

의 상태를 정확히 알 수 없으므로 큰 손해를 피하기 위해 확률적 기댓값에 근거하여 구입가격을 결정한다. 이 가격은 저질 차량 소유자의 희망 판매가격보다는 높고 양질 차량 소유자의 희망 판매가격보다는 낮다. 시간이 지남에 따라 양질의 중고차 소유자는 시장을 떠나게 되고 시장에는 저질의 중고차만 남게 된다(Akerlof, 1970). 이 과정에서 거래량이 감소하여 사중손실이 발생한다. 이것이 역선택 문제다. 이 문제는 판매자가 무상수리 등 보증(warrant)을 제공함으로서 해결할 수 있다. 보증은 중고차가 양질이라는 신호 효과(signaling effect)를 제공함으로써 역선택 문제를 경감시킨다.

보험에 가입한 사람은 보험에 의지하여 사고 예방에 소홀해질 수 있다. 이러한 행태를 도덕적 해이라고 한다. 이로써 사회적 손실이 증가하게 되는데, 이러한 문제는 보험계약에 공제금액(deductible) 조항을 삽입함으로써 해결할 수 있다. 사고 후 보험금을 지급할 때 손실금액의 일부를 제외하는 것이다. 무시할 수 없는 크기의 공제금액은 보험가입자의 경각심을 제고하여 사회적 손실을 줄일 수 있다.

8장

거시경제학

세계의 거의 모든 문제는
이런저런 종류의 불평등 때문에 일어난다.

아마르티아 센*

* 아마르티아 센(Amartya Kumar Sen, 1933~)은 불공정한 분배 때문에 대부분의 위기가 발생한다고 주장했다(댄 스미스 지음, 김민주·이엽 옮김, 2011).

거시경제학 논의는 경제안정(stabilization)과 경제성장(growth)으로 나눌 수 있다. 선진국에서는 경제정책의 초점을 안정에 맞추고, 개발도상국에서는 성장을 경제정책의 중심에 놓는다.
양자는 단기적으로는 상충관계를 보이지만, 불안정이 성장에 해가 되는 것은 분명하므로, 장기적으로는 올바른 경제정책을 통해 이러한 상충관계를 최소화할 수 있다. 경제안정정책은 물가안정과 완전고용을 목표로 두는 경우와 물가안정만을 목표로 삼는 경우로 나눌 수 있다. 후자의 경우 물가안정이, 시장의 작용을 통해, 완전고용을 보장한다고 가정한다(Stiglitz et al., 2006).
일반적으로 물가안정을 경제안정과 동일시하는 경향이 우세한데, 물가상승률은 경제정책을 평가하는 하나의 지표일 뿐이다.
실질소득의 안정과 성장이 가장 중요한 변수다.
이 장에서는 경제사회 전체의 경제 현상과 경제 문제를 연구하는 거시경제학의 주요 주제를 탐구하려고 한다. GDP를 중심으로 생산량 측정 및 그 한계와 대안을 살펴보고, 소비·저축·투자와 물가·실업·빈곤에 대해 알아본다. 국제경제와 정부의 역할에 대한 이해도 도모한다.*

* 8장의 주요 참고문헌은 토드 부크홀츠(Todd G. Buchholz)의 《유쾌한 경제학(From Here to Economy)》, 로버트 하일브로너(Robert Louis Heilbroner)와 레스터 서로우(Lester Carl Thurrow)의 《경제학은 무엇을 말할 수 있고 무엇을 말할 수 없는가(Economics Explained)》, 박도준의 《시장실패 정부실패》다.
조지프 스티글리츠 외(Joseph Eugene Stiglitz et al.)의 《이단의 경제학: 성장과 안정의 이분법을 넘어(Stability with Growth: Macroeconomics, Liberalization and Development.》와 조지프 스티글리츠 외(Joseph Eugene Stiglitz et al.)의 《GDP는 틀렸다: '국민총행복'을 높이는 새로운 지수를 찾아서(Mismeasuring Our Lives: Why GDP Doesn't Add Up)》를 참조하여 주류 경제학에 비판적인 내용을 담았다.

8.1

—

국내총생산

거시적 관점의 출발점은 경제사회 전체의 지속적인 생산 과정을 살펴보는 것이다. 생산량 변동의 원인을 분석하는 것이 중요한 과제 중 하나다.

경제를 거시적 측면에서 내려다보는 목적은 경제활동의 핵심 과정을 미시적 측면에서 볼 때보다 더 뚜렷하게 볼 수 있도록 해주기 때문이다. 경제의 거시적 측면은 전국적인 규모로 생산활동이 계속되면서 부의 생산 및 재생산이 끊이지 않고 거듭되는 과정이다. 그 속에서 국가는 물질적 생활을 보충하고 새롭게 하고 확대해가는데, 이와 같은 거대한 흐름을 국내총생산이라고 하고 GDP로 약칭한다(Heilbroner and Thurow, 1995).[1]

1 역서(조윤수, 2009) 인용.

이 절에서는 다양한 생산량 측정치를 알아보는 것으로 시작하여 대표적인 생산량 측정치인 국내총생산에 대해 논의한다. 경제성장률은 생산량 증가로 계산하므로 생산량 측정치는 가장 기초적인 거시경제지표다. 국내총생산은 생산량의 합이지만 소득의 합이기도 하다. 생산의 결과가 분배 과정을 거치면 누군가의 소득이 되기 때문에 금액으로 표시한 총생산과 총소득은 동일하다.

생산량

국내총생산(GDP, Gross Domestic Product)은 일정 기간 동안 한 국가의 총생산을 금액으로 표시한 것이다. GDP를 계산할 때 중간 투입물(intermediate input)의 가치는 차감하는데, 그렇게 하지 않으면 중복 계산으로 생산량이 과다 계상되기 때문이다. 그러므로 GDP는 생산량의 부가가치(value added)를 더한 결과다.

국내순생산(NDP, Net Domestic Product)은 GDP에서 자본재의 감가상각을 빼고 계산한다. 생산과정에서 자본재가 사용되면서 하락한 가치를 감가상각(depreciation)이라 하고, GDP에서 이를 차감한 금액이 NDP다.

국민총생산(GNP, Gross National Product)은, 지리적 기준에 의해 산출되는 GDP와 달리, 국적 기준으로 산출되는 생산량이다. GDP에서 국내 거주 외국인과 국내 소재 외국기업의 생산량을 빼고 국외 거주 자국민과 국외 소재 자국기업의 생산량을 더

하여 계산한다.

국내총소득(GDI, Gross Domestic Income)은 GDP와 같다. 그러나 계산에 사용되는 자료의 취합 경로가 달라 실제로는 약간의 차이가 발생한다. 국민총소득(GNI, Gross National Income)은, GDP와 GNP의 비교에서 확인한 것처럼, 한 국가의 모든 시민권자의 소득을 합한 결과다.

생산량 측정치로는 지리적 기준에 의한 GDP가, 소득 측정치로는 국적 기준에 의한 GNI가 주로 발표되고 언급된다. GDP가 GNP보다 더 널리 쓰이는 이유는 다른 주요 거시경제지표와의 관련성이 크기 때문이다. GNP를 사용하면 국내 경기가 불황인 상황에서도 국외 거주 자국 노동자의 소득이 크게 증가하는 경우 높은 경제성장률이 계산될 수 있다.

시장 기반 경제활동을 측정하는 국민소득 통계는 대공황 이후 케인스 경제학의 발흥과 함께 관리자로서 정부의 역할이 강화되면서 경제 상황을 보여주기 위한 목적으로 개발되었다(Stiglizt et al., 2010). 이 분야의 선구자인 사이먼 쿠즈네츠(Simon Kuznets, 1901~1985)와 리처드 스톤(Richard Stone, 1913~1991)은 국민소득 계정체계 및 통계 발전에 대한 공헌을 인정받아 노벨경제학상을 수상했다.

GDP 구성요소

생산활동은 생산요소 간의 조화로운 협력으로 이루어진다. 가계의 노동이, 정부의 규제 아래, 기업의 토지 및 자본과 결합하여 나타난다.

생산활동은 소비재 생산과 자본재 생산이라는 2가지 흐름으로 나누어 살펴볼 수 있다. 소비재 생산은 경제주체의 효용을 충족하고 노동 능력을 유지시킨다. 자본재 생산은 자본의 손상을 개선하고 부족을 보충함으로써 경제의 활력을 유지하는 기능을 담당한다. 소비재 생산이 중단되면 즉각적으로 불편을 느끼게 되지만, 자본재 생산은 방해받거나 중단되어도 즉각적인 변화를 체감하지는 못한다. 하지만 경제사회의 생산 능력이 감소하면서 점진적으로 퇴보하게 된다. 그러므로 소비재와 자본재 생산이라는 두 흐름은 서로를 지지하면서 자본주의사회를 앞으로 나아가게 해주는 축과도 같다.

국민경제는 하나의 커다란 순환을 이루므로 생산, 분배, 지출의 3가지 측면에서 본 총금액이 동일하다. 이를 삼면등가의 원칙이라고 한다.

앞에서 총생산과 총소득이 일치한다고 했던 것과 마찬가지로 국민소득은 3가지 관점에서 볼 수 있으며, 각각의 접근법은 생산접근법(production approach), 소득접근법(income approach), 지출접근법(expenditure approach)으로 동일한 결과를 산출한다. 일례로 지출접근법을 사용하여 GDP의 4가지 구성요소를 살펴보면, 첫 번째 요소는 가계의 소비지출, 두 번째 요소는 기업의 투자지출, 세 번째 항목은 정부지출, 네 번째 항목은 순수출이다. 이를 나타내는 식을 국민소득식(National Income Identity)이라고 한다.[2]

GDP의 한계점

GDP는 단일 경제지표로서 완벽하지는 않지만, 경제 사정을 잘 보여주는 유용한 척도다. 또한 직관적이어서 사용상 편리함도 갖추고 있다. GDP의 상승은 고용과 소득의 증가를 의미하므로 경제 사정이 나아진다고 볼 수 있다. 그러나 GDP가 복지수준을 정확히 보여주는 것은 아니다. 이와 같은 GDP의 한계점을 알아보면 다음과 같다(Heilbroner and Thurow, 1995; 유시민, 2002; Stiglitz et al., 2010;, Chang, 2014).

첫 번째 한계점은 수량 단위가 아니라 시장가격으로 계산된다는 점이다. 그러므로 몇 가지 문제점이 발생한다. 첫째, 시장

2 국민소득(Y) = 소비지출(C) + 투자지출(I) + 정부지출(G) + 순수출(NX).
국민소득은 산출량 또는 총수익(Yield)를 나타내는 Y로, 소비지출(또는 소비수요)은 소비(Consumption)를 나타내는 C로, 투자지출(또는 투자수요)은 투자(Investment)를 나타내는 I로, 정부지출(또는 정부수요)은 정부(Government)를 나타내는 G로 표시한다. 국제무역을 고려하는 경우 순수출(또는 해외수요. NX = 수출(eXport) − 수입(iMport))을 추가한다(김동옥, 2021).
정부지출(government spending)보다는 정부구입(government purchases)이 일반적인 표현이다(Mankiw, 2019).

거래의 대상이 아니라서 GDP 계산에서 누락되는 재화와 용역이 존재한다. 대표적인 사례가 가사노동이다. 경제생활에 미치는 중요성을 고려할 때 큰 단점이라고 할 수 있다. 둘째, GDP 계산에는 시장 거래의 대상이 아닌 재화와 용역이 포함되는 경우가 있는데, 이때 가치 추측 행위가 개입되므로 정확도가 떨어질 수 있다. 셋째, 물가상승률을 감안하여 조정할 필요가 있다. 생산량에 변화가 없더라도 물가가 상승하면 GDP가 상승하게 되는데, 이 경우 생산가치(value of production)나 산출물가치(value of input)의 변화가 없더라도 경제 사정이 나아졌다고 오판할 수 있다. 넷째, 재화와 용역의 질적 변화를 인식하지 못한다는 것이다. 재화와 용역의 질이 크게 개선되어 후생이 증가하더라도 동일한 시장가격으로 측정되기 때문에 이러한 사정을 제대로 반영하지 못한다. 다섯째, 시장가격과 사회적 가치 사이에 괴리가 존재할 수 있다. 시장가격이 매겨진 제품의 생산과 소비로 인한 환경오염 등은 시장가격에 반영되지 않는다.

두 번째 한계점은 생산물의 궁극적 용도를 외면한다는 점이다. GDP 상승은 생산량 증가의 원인이 바람직한 용도의 재화 생산 결과인지 쓸모없는 물건의 생산량 증가의 결과인지 말해주지 않는다.

세 번째 한계점은 분배의 형평성을 고려하지 못한다는 점이다. GDP가 동일하더라도 어느 나라는 정의로운 분배체계를 가졌을 수 있고 다른 나라는 그렇지 못할 수 있다. 다른 나라는 소수의 백만장자 외에는 대부분의 구성원들이 최저생계 수준에 미달하는 비참한 상황에 처해 있을 수 있다. GDP는 이러한 구분에 대한 설명력을 갖지 않는다.

GDP 한계의 극복

2008년 설립된 '경제 실적과 사회 진보의 계측을 위한 위원회(CMESP, The Commission of the Measurement of Economic Performance and Social Progress)'는 GDP의 한계를 파악하고, 측정상 문제점을 명확히 하며 대안적 측정 수단들의 타당성을 검토하는 것을 목표로 삼았다. 조지프 스티글리츠(Joseph Eugene Stiglizt, 1943~), 아마르티아 센, 장 폴 피투시(Jean-Paul Fitoussi, 1942~2022)가 위원회를 이끌었으며 2009년 보고서를 발표했다.

보고서에서 제시한 GDP의 취약점을 해결하기 위한 방법은 다음과 같다(Stiglitz et al., 2010).

첫째, GDP보다 기초가 튼튼한 국민계정지표들을 강조하라. GDP보다 GDI나 GNI가 생활수준을 나타내는 더 적절한 지표일 수 있다. 생산구조가 급격히 변화할 때는 GDP보다 NDP가 더 적절한 지표일 수 있다.

둘째, 주요 생산활동에 관한 실증적 측정지표들을 개선하라. 용역의 질과 양을 파악하는 방법을 발전시켜야 하며, 정부 공급 용역의 측정을 향상시키기 위해서는 현재의 투입량 측정 방식보다 산출량 측정 방식을 발전시켜야 한다.

셋째, 가계의 관점을 부각하라. 전체 소비보다는 가계의 소비에 초점을 맞추어야 한다. 순량지표가 생활수준을 더 잘 나타내므로 총량지표보다 중요하다. 출퇴근 비용 등 생산을 위한 가계의 지출을 기업에 대한 무보수 중간 투입으로 간주하면 생산에 대한 가계의 기여는 늘고, 기업의 기여는 줄어들게 된다.

넷째, 소득, 소비, 부의 분배에 관한 정보를 평균값 변화에 관한 정보와 종합하라. 소득 및 재산과 소비는 종합적으로 고려해야 한다. 재산은 실질소비의 지속성을 나타내는 중요한 지표다. 불평등도가 증가하면 평균값과 중위값의 차이가 커지면서 평균값의 의미가 퇴색할 수 있다. 중위값을 측정함으로써 분배적 측면을 고려할 필요가 있다,

다섯째, 측정 대상의 영역을 넓혀라. 환경, 건강, 교육, 여가 등 삶의 질을 측정하기 위한 노력이 필요하다. 현대사회가 당면한 중요한 선택사항 중 하나는 환경보호와 소득증가 간의 선택으로, 환경오염 방지를 위한 규제는 생산비용 상승을 통해 소득의 감소라는 대가를 요구한다(Makiw, 2019). 그러나 지속가능성(sustainability)을 담보하려면 환경보호의 가치를 고려해야 한다.[3]

3 적극적인 환경보호정책을 지지하는 경제학자들의 의견은 엄격한 규제의 시행보다는 재정적 유인을 제공함으로써 환경보호를 추구하는 것이다, 단, 자세한 방법은 민간에 위탁하는 안을 선호한다(폴 크루그먼 지음, 김이수 옮김, 2002).

이상적으로는 자원의 고갈, 환경의 오염, 위험의 증가를 고려한 국민산출(national output)을 측정하는 것이다(Stiglitz et al., 2006). 기후변화(climate change), 배출권거래제(emission trading) 등 환경자원의 개발 및 관리에 경제학적 원리를 적용하여 분석하는 학문을 환경경제학(environmental economics)이라고 한다.

'지속가능발전(sustainable development)'이라는 개념은 1987년 유엔환경계획(UNEP, United Nations Environmental Programme)과 세계환경개발위원회(WCED, World Commission for Environment and Development)가 공동으로 채택한 '우리 공동의 미래(Our Common Future)'라는 이름의 보고서에서 구체화되었다. '미래의 세대가 그들 자신에게 필요한 것을 충족시킬 수 있는 능력을 해치지 않고 현 세대의 필요를 충족시키는 것'으로 정의했다(www.koica.go.kr).

지속가능성과 관련하여 국내에서는 탄소중립과 ESG(Environment, Social, Governance)에 대한 관심이 고조되고 있다. 정부는 '장기저탄소발전전략(LEDS, Long-term Low Greenhouse Gas Emission Development Strategies)'을 UN에 제출하고 '2050년 탄소중립 시나리오'를 확정했다. ESG는 지속가능성 확보를 목적으로 기후변화 대응을 위한 탄소배출 감축 중심의 환경(Environment), 인권보호와 다양성 고려를 위시한 사회(Social), 환경과 사회적 가치를 실현할 수 있는 기업 지배구조(Governance) 구축이라는 3가지 비재무적 핵심요소를 말한다(염성오, 2022).

대표적인 GDP 보완 지표로 유엔개발계획(UNDP, United Nations Development Programme)이 제시한 인간개발지수(HDI, Human Development Index)가 있다. 삶의 질을 평가하기 위한 HDI는 생활수준, 건강수준, 지식수준을 감안한다. 생활수준은 구매력 환산 1인당 GNI로[4], 건강수준은 평균수명으로, 지식수준은 성인의 문자해독 비율과 교육연수로 측정한다. 경제발전 지표로서 GDP보다 우월한 지표라는 의견이 증가하고 있다. 이와 함께 평균수명, 교육연수 측정 등에서 질적인 측면을 포착하지 못하며, 세 측면이 동일 가중치로 계산되는 것에 대한 논거가 부족하다는 비판이 존재한다(송병락, 2010).

4 구매력평가(PPP, Purchasing Power Parity) 환율은 각국의 물가수준을 감안하므로 시장 환율과의 괴리가 존재한다. PPP 환율로 계산한 1인당 소득은 시장 환율로 계산한 1인당 소득보다 실질소득과 생활수준을 더 잘 반영한다. 국제 교역 대상이 아닌 상품의 가격이 상대적으로 저렴한 경우 시장 환율로 표시된 구매력보다 실제 구매력이 더 높다. 한국은 다른 고소득 국가 대비 물가수준이 낮으므로 구매력 환산 후 소득이 더 크다. 2020년 한국의 1인당 GDP는 USD31,597(25위, World Bank)이지만, 구매력 환산 후 수치는 USD43,480(24위, World Bank)이다.

8.2

—

소비, 저축, 투자

전체 경제를, 국민소득식에서 순수출을 논외로 하면, 가계부문(householder sector), 기업부문(business sector), 정부부문(the government sector)으로 나눌 수 있다. 이 절에서는 정부 부문을 제외하고 가계와 기업을 중심으로 GDP의 변동 요인을 살펴본다.

GDP에서 구성 비율이 높음에도 불구하고 소극적이고 안정적인 가계의 소비지출은 GDP 변동의 주요 요인이 아니다. 경제성장의 추진력은 적극적이고 미래지향적인 투자지출에 있다.

소비

생산량 변동의 주요 요인은 수요의 증감이다. 한 나라의 GDP에서 가계부문의 소비지출이 차지하는 비중은 약 3분의 2

수준이다. 그래서 소비수요를 먼저 살펴보는 것이지만, 사실 소비수요는 GDP 변동의 핵심 요인이 아니다.

소비지출의 원천은 소득이다. 소비재 수요를 충족시키는 재원은 가계소득 및 이전지급(transfer payments. 구호품 등)에서 나오며, 고가의 내구재 구입의 경우에는 차입으로 보충되기도 한다.

> (…) 소비가 아무리 중요하다 해도, 소비는 본질적으로 경제활동을 변화시키는 주요 요인이 될 수 없다. 소비를 경제학의 한 부문으로 간주하는 이상 이는 분명하다. 소비는 분명 경제의 어딘가에서 일어나는 변화를 반영하지만 소비가 경제의 장기적 성과를 좌우하지는 못한다(Heilbroner and Thurow, 1995).[5]

소비지출은 예측 가능성이 높다. 소비활동은 가계의 일상적 욕구를 충족시키기 위한 식량 등 필수 재화의 구입이 큰 몫을 차지하기 때문이다. 또한 소비지출은 종속적인 특성을 갖는다. 소득의 크기가 결정되고 나서 지출의 크기가 결정되기 때문이다. 이는 소비지출이 GDP의 추진 동력이 아니라 사후적 결과라는 점을 알려준다.

5 역서(조윤수, 2009) 인용.

저축

가계의 소득에서 지출을 초과하는 부분은 저축으로 남는다.

저축(saving)의 첫 번째 의미는 '소비하지 않음'이다(김동옥, 2021). 저축률은 국가마다 상당히 다른데, 소비 성향의 차이와 자금조달의 용이성이 이러한 차이를 낳는다. 소비 성향이 동일하더라도 필요할 때 원활한 차입을 지원하는 금융시스템이 완비되어 있지 않으면 저축률이 높아진다. 저축에는 첫 번째 의미보다 더 중요한 두 번째 의미가 있는데, '투자의 재원으로 사용'되는 것이다. 저축이 기업부문의 투자지출로 연결되어 남아 있던 가계의 소득이 경제의 흐름으로 환원된다.

기업부문 전체적으로 보면 지출이 수입을 초과한다. 기업은 끊임없는 자본재 형성 과정을 통해 생산성을 제고하고 생산량을 증대시킨다. 가계의 저축이 기업의 초과 지출을 메우면서 GDP가 늘어난다. 기업부문이 가계부문의 소득 중 소비하고 남은 부분을 강제적으로 이용할 수는 없다. 그러므로 저축이 투자로 연결되는 과정이 필요한데, 이를 '자발적 저축양도 과정(process of voluntary relinquishment saving)'이라고 한다. 저축이 투자로 변환되는 과정의 불안정성이 GDP 변동의 주된 원인이다.

투자

저축은 소비로부터 자원을 해제하고, 투자는 이 해제된 자원으로 자본재를 확충하는 작용을 한다. 소비는 경제활동의 수동적 결과이고, 투자는 능동적 추진력이다. 자본주의의 핵심 개념인 이윤추구는 투자 의사결정의 판단 기준이 된다. 이윤이 확보될지의 여부는 앞으로 펼쳐지는 상황에 따라 결정되므로 투자 의사결정은 미래지향적일 수밖에 없다. 이것이 투자에서 본질적인 불안정성의 원인이다. 소비 의사결정은 일상적 욕구에 근거하므로 예측 가능하지만, 투자지출은 불확실한 미래에 대한 추측에 의존하기 때문에 급격한 변동을 보일 수 있다.

안정적인 소비지출과 달리 투자지출은 다음과 같은 사유로 유동적이다(Heilbroner and Thurow, 1995).

첫째, 단기적으로는 재고자산의 변동이 투자지출의 변동성을 가져온다. 재고자산의 투자는 미래의 판매 예측에 근거하므로, 불확실한 예측이 투자지출에 유동성을 부여한다.

둘째, 장기적으로는 경기순환이 투자지출의 변동성을 증대시킨다. 경기가 호황에서 불황으로 전환될 때 투자지출의 감소는 소비지출의 감소를 초과한다. 반대로 불황기에서 호황기로 전환될 때에는 투자지출의 증가가 소비지출의 증가를 압도한다.

셋째, 기술 혁신이 투자지출을 촉진한다.

결론적으로, 경제의 성장과 쇠락은 이처럼 유동적인 투자 지출과 긴밀히 연결되어 있는 것이다.

8.3

물가, 실업, 빈곤

이제 거시경제의 주요 관심사인 물가, 실업, 빈곤에 대해 알아보자. 이 3가지 주제는 개별 경제주체의 복지와 직접적으로 관련되는 경제 현상이다. 동시에 경제사회 전체의 관점에서 정책 방향에 영향을 미치는 경제 현상이기도 하다.

물가안정에 지나치게 집착하면 국민의 생활수준과 경제성장에 해가 되는 통화정책을 채택하게 됨으로써 크나큰 경제적 비용을 부담하게 된다.[6] 게다가 물가상승은, 다양한 실증연구에 의하면, 경제성장의 치명적 장애 요인이 아니다(Chang and Grabel, 2004).[7]

6 물가상승률을 영(0)의 수준으로 유지하려면 일시적인 생산 감소뿐 아니라 지속적으로 높은 실업률이 뒤따를 수 있다(폴 그루그먼 지음, 김이수 옮김, 2002).

7 일정 수준(실증연구별로 20%, 30%, 또는 40%) 이하의 물가상승률은 경제성장을 저해하지 않고 심각한 경제적 비용 없이 상당 기간 지속될 수 있다.

물가상승을 억제하기 위해 금리를 인상하면 투자가 위축되는데, 단기적으로는 실업률이 올라가고 중기적으로는 성장률이 낮아질 가능성이 커진다.

물가상승률은 매개변수[8]이며, 중요한 것은 실질 거시경제 변수다. 생산 능력의 효율적 이용과 이를 통한 실질소득의 성장이 진정한 지향점이다(Stiglitz et al., 2006).

물가

물가상승률은 경제정책 수립에 영향을 미치는 중요한 변수이자 거시경제 동향에 관한 주요 지표다. 거시적 관점은 개별 제품의 가격보다 전체 물가수준에 중점을 둔다.

소비자물가지수(CPI, Consumer Price Index)는 소비지출의 전반적 비용수준을 나타내는 지표다. 소비자물가지수 계산에 사용되는 재화와 용역의 묶음에서 가격 변동성이 큰 식료품과 에너지를 제외하고 근원소비자물가지수(core CPI)를 작성하기도 한다. 생산자물가지수(PPI, Producer Price Index)는 생산자의 전반적인 비용수준을 나타낸다. 생산비용의 상승은 판매가격의 인상으로 귀결되므로 생산자물가지수는 소비자물가지수의 선행지표로 기능한다.

8 매개변수(parameter)는 주요 변수 간의 관계를 정하기 위해 사용되는 변수를 말한다. 경제정책이 정책 목표에 부합하는지를 물가상승률 지표로 평가할 수 있다.

물가수준을 나타내는 또 다른 지표로 GDP 디플레이터(GDP deflator)가 있다. 이것은 명목 GDP(nominal GDP)를 실질 GDP(real GDP)로 나누어 100을 곱한 수치로, 기준연도 물가수준에 대한 당해연도 물가수준을 나타낸다.

물가상승은 1차 산품(commodity)의 가격 상승에서 비롯되는 경우가 일반적이다. 1차 산품 가격이 오르면 임금이 오르고 생산자물가지수가 상승한다. 이는 소비자물가지수 상승을 거쳐 최종적으로 GDP 디플레이터의 상승으로 이어진다(송병락, 2010).

소비자물가지수와 GDP 디플레이터는 물가상승률 파악을 위한 대표적인 관찰 지표지만, 둘 사이에는 2가지 큰 차이점이 있다(Mankiw, 2019).

첫째, 소비자물가지수는 소비지출을 구성하는 재화와 용역의 가격수준을 나타내지만, GDP 디플레이터는 모든 재화와 용역의 가격수준을 나타낸다.

둘째, 특정 재화와 용역의 가격 변동이 미치는 영향이 서로 다르다. 소비자물가지수를 계산하기 위한 재화와 용역의 묶음은 통계치 작성자에 의해 일정 기간마다 조정되지만, GDP 디플레이터 계산에 사용되는 재화와 용역의 묶음은 당해연도의 생산활동 결과에 따라 매년 자동적으로 조정된다. 그러므로 소비자물가지수 산정 대상인 특정 재화와 용역의 가격이 크게 변동되는 경우에 두 지표는 상당한 차이를 보이게 된다.

실업(unemployment)은 개인에게는 경제적 어려움과 그에 따른 심리적 피해를 주고, 사회적으로는 자원의 낭비, 생산성 악화, 사회적 쇠락이라는 비용을 부담시킨다. 그러므로 실업률(unemployment rate)이 한 경제사회의 생활수준을 결정하는, GDP 성장률보다 우월한, 변수라는 주장도 있다(Mankiw, 2019).

실업은 행복에 관한 주관적 지표를 연구하는 학자들이 공통적으로 관심을 갖는 지표다. 실업은, 경제적인 부담 외에, 부정적인 감정과 삶에 대한 낮은 평가를 유발하는 등 비경제적 영향도 크고 이로써 사회적 안정을 저해한다(Stiglizt et al., 2010).

실업률은 경제활동인구(economically active population 또는 labor force) 중 실업자수의 비율로 측정한다. 국가마다 차이는 있지만 대략 15세에서 65세까지의 인구를 노동가능인구(working-age population)로 본다. 노동가능인구는 경제활동인구와 비경제활동인구(not in the labor force)로 나뉜다. 경제활동인구는 취업자(employed)와 실업자(unemployed)의 합이고, 비경제활동인구는 취업자와 실업자 모두에 속하지 않는 주부, 학생, 구직 의욕을 상실한 실망노동자(discouraged worker) 등을 포함한다. 노동가능인구 중 경제활동인구의 비율을 경제활동참가율(labor-force participation rate)이라고 한다.

실업의 원인이나 양태는 다양하다. 기업과 노동자의 사정 변화에 따라 직장을 변경하는 일이 일어나는 과정에서 자연스럽게 발생하는 실업을 마찰적 실업(frictional unemployment)이라고 한다. 기업이 필요로 하는 기술과 노동자가 보유한 기술의 괴리로 발생하는 실업을 기술적 실업(technological unemployment) 또는 구조적 실업(structural unemployment)이라고 한다. 정부의 노동시장 규제나 노동조합의 파업 등 정치적 힘의 개입으로 발생하는 실업을 정치적 실업(political unemployment)이라고 부른다. 경기침체에 따른 총수요 부족으로 발생하는 비자발적 실업을 경기적 실업 또는 순환적 실업(cyclical unemployment)이라고 한다. 한편 실업을 자본주의에 내재한 현상이라고 보는 시각에서는 체제적 실업(systemic unemployment)을 주장하기도 한다.

빈곤

3장에서 살펴본 바와 같이, 인류는 경제활동 기간의 대부분을 생계유지에도 벅찬 미미한 소득만을 창출했다. 생존을 위협하는 이러한 빈곤을 절대적 빈곤(absolute poverty)이라고 한다. 절대적 빈곤에 고통받지 않더라도 경제적 상실감을 느낄 수 있는데, 이는 상대적 빈곤(relative poverty)이라는 개념과 관련된다. 각 경제사회마다 기초적인 체면(decency)을 유지하기 위한 최소 소비기준이 다르므로 부유한 국가에서도 상대적 빈곤에 시달리는 사람은 있게 마련이다. 각 나라마다 중위소득의 일정 비율로 지정한 빈곤선(poverty line)이라는 기준을 갖고 있는데, 상대적 빈곤은 이러한 불평등과 본질적으로 밀접한 관련이 있다.

경제적 불평등은 경제성장에도 심각한 악영향을 미친다(Chang, 2014). 첫째, 불평등은 정치적 불안정성을 높여 불확실성을 가중시킴으로써 투자를 방해한다. 둘째, 사회적 계층 이동을 감소시켜 경제적 역동성을 떨어뜨린다. 셋째, 불평등이 심한 나라일수록 사회 구성원의 복지 지표가 열악해진다. 넷째, 평등한 나라일수록 경제성장률이 높은 사례가 많다.

대표적인 불평등 측정치는 이탈리아 인구통계학자 코라도 지니(Corrado Gini, 1884~1965)가 1912년 개발한 지니계수(Gini coefficient)다. 지니계수는 0(완전 평등)부터 1(완전 불평등)까지의 값을 갖는다.

소득 기준 외의 빈곤 개념으로 다차원적 빈곤(multidimensional poverty)이라는 것이 있다. 소득 기준으로는 기본적인 생계유지가 가능하지만 인적자본(human capital) 형성 등 다른 차원에서는 경제적으로 무력한 상태를 가리킨다.

8.4

국제경제

국가들 간에 교역이 이루어지면 폐쇄경제(closed economy)에서 개방경제(open economy)로 전환된다. 국제거래인 무역, 국제가격인 환율, 그리고 국제경제의 결과표인 국제수지에 대해서 알아보자.

무역

국가별 자연 조건이나 기술수준의 차이로 제품별 생산비는 각기 다르게 마련이다. 이러한 생산비 차이가 국제무역의 원인을 설명한다.

개별 국가는 경쟁력 있는 제품 생산에 집중하여 전문화를 이룰 수 있으며, 국제무역으로 시장을 확대하면 평균 생산비용을 낮출 수 있다. 연구개발비 등의 초기 투자금액이 동일하더라도 판매량이 증가하면 규모의 경제 효과를 누릴 수 있다. 가계는 비용을 덜 부담하고 기업은 이윤을 더 실현할 수 있다. 그 결과, 고용 및 소득의 증가가 이루어진다.

국제무역에 관한 가장 유명한 이론은 데이비드 리카도(David Ricardo)의 비교우위론(comparative advantage theory)이다. 비교우위론은 이전의 절대우위론(absolute advantage theory)의 한계를 극복함으로써 지금까지도 자유무역의 이론적 근거로서 그 정당성을 유지하고 있다. 절대우위론은 무역 당사자 국가 일방이 모든 교역 대상 재화의 생산에서 절대우위 또는 절대열위인 경우에도 이루어지는 무역을 설명하지 못한다. 그에 비해 비교우위론은 절대열위에 있는 국가가 기회비용이 더 작은, 즉 비교우위를 갖는, 재화의 생산에 특화함으로써 무역을 통한 이익을 거둘 수 있음을 설명해 보였다.[9]

9 비교우위론은 생산요소가 노동력 하나뿐인 경우의 무역이론이다. 이와 같이 상품의 가치가 생산에 소요된 노동량에 의해 결정된다고 설명하는 가치이론을 노동가치설이라고 한다. 생산요소를 자본과 노동력 2가지로 나누는 비교우위론의 확장판은 헥셔-올린 정리(Heckscher-Ohlin theorem)다. 자본이 풍부한 나라는 자본집약적 산업에서, 노동력이 풍부한 나라는 노동집약적 산업에서 비교우위를 갖는다. 스웨덴 경제학자 엘리 헥셔(Eli Filip Hekscher, 1879~1952)와 베르틸 올린(Bertil Gotthard Ohlin, 1899~1979)이 정립한 무역이론이다. 결과적으로 자본집약적 산업에서 비교우위를 획득하게 된 나라에서는 자본의 가격이, 노동집약적 산업에서 비교우위를 획득하게 된 나라에서는 노동력의 가격이 오르게 된다. 이것이 볼프강 스톨퍼(Wolfgang Friedrich Stoplper, 1912~2002)와 폴 새뮤얼슨(Paul Anthony Samuelson)의 스톨퍼-새뮤엘슨 정리(Stolper-Samuelson theorem)다. 바실리 레온티에프(Wassily Wassilyovich Leontief)는 1953년 헥셔-올린 정리의 타당성을 부정하는 조사 결과를 발표했으며, 이를 레온티에프 역설(Leontief paradox)이라고 한다. 국제적으로 자본 이동이 활발해진 1970년대, 헥셔-올린 정리는 생산요소 구성에서 자본을 숙련 노동력으로, 노동력을 비숙련 노동력으로 대체하여 현실 설명력을 회복했다.

자유무역(free trade)의 우월성을 주장하는 의견과 보호무역(protective trade)의 필요성을 주장하는 의견의 대립은 오늘날까지도 계속되고 있다. 자유무역은 무역자유화(trade liberalization)와 짝을 이루어 자유방임주의의 핵심 내용을 구성한다. 자유무역과 보호무역에 대한 내용은 9장에서 자세히 다룰 예정이다.

환율

환율(exchange rate)은 국제거래에서 적용되는 국제가격이다. 우리가 관찰하는 환율은 명목환율(nominal exchange rate)로 '미화 1달러에 원화 1,000원'이라는 식으로 표시된다.[10] 경제학에서의 환율은, 물가지수와 마찬가지로, 여러 환율의 평균치로 구성된 지수를 의미한다. 실질환율(real exchange rate)은 한 나라의 재화와 용역이 다른 나라의 재화 및 용역과 교환되는 비율을 말하며, 명목환율과 자국 통화로 표시된 교역 대상 양국의 재화와 용역의 가격에 따라 결정된다. 즉, 명목환율과 국내가격의 곱을 국외가격으로 나누어 계산한다. 국산 제품을 구매할지 외산 제품을 구매할지를 결정할 때는 실질환율에 근거하므로 실질환율은 한 나라의 수출 및 수입의 규모를 결정하는 중요한 요소다.

10 환율은 통화의 상대가격을 뜻하고, 두 나라 통화의 상대가격은 명목환율로 나타난다. 해당 통화에 대한 수요와 공급이 환율을 결정한다. 통화 수요는 2가지로 구성된다. 첫 번째는 해당 통화 표시의 상품을 사기 위해 필요한 통화, 두 번째는 해당 통화의 투자에 필요한 통화다 (Stiglitz et al., 2006).

국제수지(balance of payments)는 국제경제의 결과표다. 일정 기간 동안 활동별 자금의 흐름을 체계적으로 분류한 것으로, 이를 표로 정리한 것이 국제수지표다. 국제수지표는 한 국가의 '가계부'라고 할 수 있다.

국제수지표의 최상위 계정은 경상계정(current account)과 자본(금융)계정(capital (and financial) account)이다. 경상거래와 자본거래의 결과가 준비자산 증감(change in reserve assets)으로 나타나고, 마지막으로 통계 작성에 수반되는 오차와 누락(errors and omissions)이 표시된다. 준비자산에는 중앙은행이 보유한 금과 외화가 포함된다. 이를 외환보유고 또는 외환준비금(foreign exchange reserves)이라고 한다. 그러므로 국제수지에 대한 이해는 경상계정과 자본계정에 집중하면 된다.

경상계정은 자본거래 외의 방법으로, 일상적인 거래를 통한 자금의 흐름을 나타낸다. 경상계정의 3가지 하위 계정은 무역(trade), 소득(income), 경상이전(current transfer)이다. 무역수지, 소득수지, 경상이전수지가 경상수지(current account balance)를 구성한다.

무역수지는 재화와 용역의 수출입 결과이고, 수입대금보다 수출대금이 더 많으면 무역수지 흑자라고 말한다.

소득계정의 하위 계정으로는 노동자 보상(compensation of

employees)과 투자소득(investment income)이 있다. 노동자 보상은 외국인에게 고용된 자국 거주 노동자의 소득을 말하고, 투자소득은 거주자가 외국 금융자산에 투자한 결과로 받는 소득을 가리킨다.

경상이전은 국외 거주 자국 노동자가 자국으로 송금한 돈인 노동자 송금(workers' remittance)과 외국 정부로부터 받은 보조금인 대외 원조(foreign aid)로 구성된다.

자본(금융)계정은 자본계정과 금융계정으로 나뉜다. 경상수지가 적자인 나라는 외국으로부터 돈을 빌리거나 보유 자산을 매각함으로써 부족한 돈을 마련해야 하는데, 이 과정의 자금흐름을 나타내는 것이 자본계정이다.

자본이전(capital transfer)과 비금융자산의 매수/매각(acquisition/disposal of non-financial assets)이 자본계정(capital account)을 구성하며, 자본이전은 외국으로부터 차입한 부채의 상환을 면제받거나 외국에 빌려준 대출금의 상환을 면제해준 결과를 표시한다.

금융계정(financial account)은 직접투자(FDI, Foreign Direct Investment), 간접투자(portfolio investment), 기타투자(other investment)로 나뉜다. 외국인 직접투자는 자국 기업의 경영권 참여를 목적으로 한 외국인의 자기자본투자를 말하고, 간접투자는 외국인의 타인자본투자와 경영참여 목적 외의 자기자본투자를

192 말한다. 기타투자에는 무역차관(trade credits)과 대출(bank loans) 등이 있다.

8.5

—

정부의 역할

정부는 경제활동의 주체일뿐더러 경제의 규제자 및 조정자로서의 역할도 담당한다. 경제활동의 한 부문으로서 정부에 대해 알아본 후, 시장실패의 대응자로서 정부의 역할과 경제안정화를 위한 정부의 역할을 살펴보자.

정부부문

정부부문 또는 공공부문(public sector)은 가계 및 기업으로 구성된 민간부문(private sector)과 지출의 동기가 다르다. 민간부문의 지출은 효용극대화 또는 이윤극대화를 위한 자유로운 의사결정에 따라 이루어지지만, 정부부문은 집단적 의지에 기초한 정치적 결정에 따라 지출의 항목과 규모를 결정한다. 그러나 지출의 동기가 다르더라도 정부의 경제 행위 또한 민간부문과 마찬가지로, 국민소득식에서 확인할 수 있듯이, 경제활동 수준에 영향을 미친다. 가계 또는 기업이 지출을 늘리면 GDP가 증가하는 것처럼, 정부의 지출이 늘면 GDP가 증가한다. 반대로 정부가 지출을 줄이면 GDP가 감소한다.

정부부문 지출과 민간부문 지출의 또 다른 차이점은 정부지출의 목적이 혼재되어 있다는 것이다. 정부지출은 소비와 투자의 복합적 목적으로 이루어지지만 양자를 구별하지 않고 단일 항목으로 통합하여 다룬다. 또한 투자 목적의 정부지출을 간과하고 소비 목적의 지출로만 인식하는 경향이 있지만, 정부지출에는 사회기반시설 건설 등 경제성장을 위한 투자지출도 포함된다는 점을 인식해야 한다. 그래야 정부의 역할을 올바로 판단할 수 있다.

정부는 덩치만 큰 소비자에 불과한 경제주체가 아니다. 정부가 경제의 한 부문이듯 경제도 정부의 역할을 구성하는 한 부문이다(Heilbroner and Thurow, 1982).

시장실패 대응

7장에서 시장체계가 제대로 작동하지 않을 때 사회적 후생이 감소할 수 있음을 살펴보았다. 이렇듯 시장이 효율적으로 작동하지 않을 때에는 시장 외부의 힘이 이를 바로잡아야 하며, 정부가 이 역할을 담당한다.

정부는 공공재 공급을 책임짐으로써 후생손실을 감소시킨다. 또한 독과점을 규제함으로써 불완전경쟁(imperfect competition)으로 인한 비효율을 제거한다. 부정적 외부효과가 존재하는 경우에는 생산량을 감소시키고, 긍정적 외부효과가 존재하는 경우에는 생산량을 증가시켜 후생증대를 도모한다. 정보비대칭으로 인한 문제를 완화할 목적으로 원활한 정보 흐름을 지원하고 제도적 보완을 통해 거래 활성화를 추구하기도 한다.

일부 경제학자들은 정부의 시장실패 대응에 회의적이다. 이러한 논의는 정부실패 논리 또는 공공선택이론(the public choice theory)으로 불리며, 이들은 경제의 탈정치화(depoliticization of economy)를 주장한다.[11] 공공선택이론은 정부의 의도를 의심하거나 무능력을 지적한다(Chang, 2014). 정부의 인적 또는 재정적 자원이 부족하고 공중의 의도를 파악하기 곤란하다는 사유로 정부의 능력을 의심한다.

정부의 선의에 회의적인 사유는 다음과 같다.

첫째, 다수의 이익보다 자신의 이익에 집착하는 자에 의해 정부가 장악될 수 있다.

둘째, 공공의 이익보다 권력 유지에 집착할 수 있다.

11 공공선택이론은 제임스 뷰캐넌(James McGill Buchanan, 1919~2013), 맨커 올슨(Mancur Olson,1932~1998), 조지 스티글러(George Joseph Stigler, 1911~1991) 등이 주도했으며, 정치를 경제학의 주요 영역으로 포함시켰다.

셋째, 자기 추구적 관료이론(self-seeking bureaucrats theory)에 따르면 정치인의 선의가 관료집단의 이기주의에 부딪혀 무산될 수 있다.

정부실패는 종종 발생하므로 심각하게 고려해야 하지만, 공공선택이론은 정부의 실패 가능성과 범위를 과장한다. 정치인이나 관료 모두가 사명감 없는 이기적 존재인 것은 아니다. 다양한 통제시스템이 완벽하지는 않더라도 이들의 일탈 행위를 감소시킬 수 있고, 무엇보다 정부실패를 염려하여 시장실패를 방관하는 것만큼 어리석은 일이 없다. 우리가 진정으로 심각하게 고민해야 하는 것은 합리적 정부를 구성하기 위한 방법이다.

경제안정화정책

정부가 경제안정화를 위해 적극적 역할을 해야 한다는 주장과 이에 반대하는 주장의 대립이 있다. 그러나 두 주장 모두 정부의 통화정책과 재정정책이 총수요에 영향을 미친다는 사실은 인정한다. 이러한 정부의 역할을 수요관리정책(demand management policy)이라고 부른다.

통화정책(monetary policy)은 통화량 조정을 통해, 재정정책(fiscal policy)은 정부지출과 조세 증감을 통해 수요를 관리하는 정책을 뜻한다. 경기침체기에는 통화량을 증가시키고 조세를 삭감하고 정부지출을 늘린다. 반대로 경기과열기에는 통화량을 감소시키고 세율을 인상하고 정부지출을 줄인다.

정부의 적극적 역할에 찬성하는 논리는 수요관리자(demand manager)로서 정부의 역할을 강조하며, 정부가 민간부문의 변동에 적극적으로 대처해야 한다고 주장한다. 기업의 투자지출이 부족하면 정부가 지출을 늘려 GDP 감소분을 상쇄하는 식으로 말이다. 정부의 적극적 역할에 반대하는 논리의 주된 근거는 정책 수립 시점부터 영향력을 발휘할 때까지 시차가 따른다는 것이다. 이에 따라 오히려 경제를 불안정하게 만들 수 있기 때문이다. 경기침체 신호를 포착하고 적극적 통화정책과 재정정책을 수립하고 준비하는 과정에서 경기가 회복되면 이러한 정책이 시행되어 효과를 발휘하는 시점에서는 오히려 경기 과열을 부추기는 결과를 초래할 수 있다.

두 주장을 비교하여 종합하면 다음과 같은 결론을 내릴 수 있다. 즉, 경제안정화정책의 의의를 인정하면서 그 부작용을 최소화할 수 있는 방안에 집중하는 것이 최선이다.

이상으로 경제(학적) 사고체계 확립을 위한 얼개를 마련했다. 이어지는 9장과 10장에서는 쉽게 접하기 어려운 경제학적 견해(경제발전에 대한 대안적 시각)와 주제(경제학의 비전)에 대한 논의를 전개한다. 이를 통해 견고한 경제 마인드를 확립할 수 있게 될 것이다.

9장

경제발전

사회적 발전 없이 경제가 성장하면
대부분의 사람들은 계속 가난하고,
특권을 가진 소수만
풍요로운 경제의 혜택을 더 많이 누린다.

존 F. 케네디*

* 존 F. 케네디(John Fitzgerald Kennedy, 1917~1963)는 1961년 대통령 취임 연설에서 "만약 자유사회가 가난한 다수를 돕지 못한다면, 그 사회는 부유한 소수를 보호할 수 없다"고 말했다 (댄 스미스 지음, 김민주·이엽 옮김, 2011).

“경제발전을 한갓 자본축적과 보다 효율적인 자원배분으로 환원시키는 것은 가난한 나라들의 뒤처진 경제를 그 상태로 영구화시키는 공식이 되었다
(에릭 라이너트 지음, 김병화 옮김, 2012).”
경제성장은 경제구조의 변화 없이 소득만 증가하는 것이지만, 경제발전은
산업구조, 기업구조, 고용구조 등 경제구조의 전환이 이루어지는 가운데
소득이 증가하는 것을 말한다(송병락, 2010).
자유방임이 자동적으로 성장과 복지를 가져온다는 경제학은 틀렸다.
경제발전은 경제만이 아니라 사회 저변의 질적 변화를 내포하므로, 빈국에
필요한 것은 수동적인 부의 이전이 아니라 개발이다. 빈곤층에게 도움이 되는
발전이 있어야 한다. 발전은 의도적이고 의식적인 정책의 산물이다.*

* 9장의 주요 참고문헌은 에릭 라이너트(Erik Reinert)의 《부자 나라는 어떻게 부자가 되었고 가난한 나라는 왜 여전히 가난한가(How Rich Countries Got Rich... and Why Poor Countries Stay Poor)》이다.

9.1

—

다른 전통

세상에 대한 양적 이해와 질적 이해는 상호보완적이다. 양적 이해만 추구하면 문제는 단순해지지만 숨겨진 핵심을 놓치게 된다. 인간의 생존과 관련하여 지속가능성을 고려해야 하는 경우에는 더욱 그렇다.

주류 경제학이라고 부르는 경제이론 또는 경제사상은 불과 200여 년 전에 확립되었다. 그 이전부터 존재하고 있었고 현재도, 주류 경제학에 가려 있지만, 명맥을 유지하고 있는 '다른 전통(Other Cannon)'[1]에 대해 알아보자.

1 다른 지적 흐름이라는 뜻이다.

2가지 흐름

경제이론은 2가지 주요 유형으로 나눌 수 있다. 첫 번째 유형은 물리학에서 가져온 추상적 은유를 통해 하향식으로 구축되었다. 물리학을 기반으로 한 경제학은 수학적 방법론에 치중하기 때문에 질적인 차이를 포착하기 어렵다. 이러한 흐름의 경제이론이 현재의 주류 경제학을 형성하고 있다. 주류 경제학은 경제학을 방법론으로 인식하고 수학적 설명이 곤란한 문제는 배제함으로써 상황과 무관한 정책을 권장하기도 한다.

또 다른 유형의 경제이론은 경험을 바탕으로 상향식으로 구축되었다. 첫 번째 유형보다 덜 추상적이고 더 구체적인 두 번째 유형의 경제학은 생물학적 은유를 활용한다. 이로써 통합적이고 질적인 이해를 추구하며, 상호의존 관계에 내재된 주요 요소들을 단순한 숫자로 환원해버리지 않는다. 이러한 유형의 흐름에서는 일반적으로 이론의 확립 전에 현실 정책의 적용이 먼저 이루어진다. 또한 물리학적 이론과는 달리 이해상반(trade-off)을 회피하지 않는다. 자유무역이 경제발전에 득이 되는 경우가 많지만, 해가 되는 상황도 존재한다는 사실을 인정한다. 다만 물리학적 모델에 비해 논리적 엄밀성이 떨어지고 명쾌한 답을 제시하지는 못한다.

'다른 전통'은 관찰 가능한 경험과 역사적 교훈을 이론화 작업의 출발점으로 삼는 경제적 이론 및 접근법을 아우르는 개념이다. 다른 전통의 유형을 분류한다면 위의 2가지 흐름 중 두 번째에 해당한다.[2] 경험적이고 역사적인 접근법의 중요성 판단 기준은 타당성(relevance)이다. 대체로 이론적이기만 한 문제는 추상적 원칙에 따라 해결 방법을 찾을 수 있지만, 실제적인 일상의 문제를 해결하려면 경험에 기초한 실용적 접근이 필요하다. 이 점이 타당성보다는 수학적 완결성의 추구를 목적으로 하는 주류 경제학과 다른 전통의 가장 큰 차이점이다. 타당성이 없는 명쾌한 설명과 복잡하지만 타당한 설명 중에서 후자를 선택하는 것이 다른 전통의 입장이다.

생산 기반 경제학

생산이라는 경제활동은 생산수단의 결합을 의미한다. 단속적 · 비약적으로 나타나는 생산수단의 '새로운 결합(① 새로운 재화, ② 새로운 생산 방법, ③ 새로운 판로 개척, ④ 새로운 공급원 획득, ⑤ 새로운 조직 실현)'이 경제발전이라는 현상을 성립시킨다. 생산수단의 새로운 결합을 달리 표현하면 기업가의 혁신활동이다(조지프 슘페터 지음, 박영호 옮김, 2005).

물물교환을 기반으로 하는 주류 경제학 이론은 자율적으로 조화로운 경제를 상정한다. 기술, 제도, 지식, 혁신 등은 보이지 않고 교환에 집중하는 경제이론은 경제활동의 질적 동질성이

2 5장 1절(90쪽)에서 설명한 경제사상의 두 뿌리 중 통속적 논의로부터 발전한 경제사상과 맥을 같이한다.

라는 결과를 낳았다. 이를 평등성 가정(equality assumption)이라고 하는데, 생산이란 단지 노동과 자본의 결합에 지나지 않는다고 보고, 그 과정의 역사적, 정치적 맥락을 무시한다. 이와 달리 경제활동마다 경제발전에 기여하는 역할의 질적 차이를 인정하는 전통도 존재한다. 교환이 아니라 생산에 기초를 두는 경제이론에서는 생산 능력과 관련된 기술과 지식 등의 질적 요인들을 중시한다.

(…) 영국적 전통인 (애덤) 스미스에게 인간은 수동적인 백지 상태의 두뇌로, 고통을 피하고 쾌락을 극대화하며 쾌락의 정도를 재는 기관을 내장하고 있다. 이와 같은 견해는 그에 상응하는 가치체계와 동기부여체계를 가진 쾌락주의적이고 교환에 의거한 경제로 이어진다. 그 경우 경제성장은 자본을 노동에 투여하는 기계적인 과정으로 받아들이게 된다. 대륙의 전통인 (에이브러햄) 링컨(Abraham Lincoln, 1809~1865)에게 인간의 본질은 잠재적으로 능동적인 두뇌를 가진 고귀한 정신과 정해진 구도에 따라 자기 주위의 세계를 끊임없이 기록하고 분류하는 것이다. 그렇게 되면 경제학은 교환보다는 생산에 더 집중하게 되고, 생산에서도 동화와 지식과 혁신의 확산에 치중한다. 대륙적 유형의 경제학을 움직이는 추진력은 자본 그 자체가 아니라 니체가 '인간 정신과 의지의 자본'이라 부른 것이다. (…) 첫 번째 인간관은 간결하고 계산 가능하며 수량화할 수 있는 정태적 경제이론을 만들어낸다. 두 번째 인간관은 훨씬 더 복잡한 존재를 대상으로 하는, 또 훨씬 더 복합적이고 역동적인 이론을 필요로 하며, 그 핵심은 숫자와 기호로 환원될

수 없다(에릭 라이너트 지음, 김병화 옮김, 2012).[3]

애덤 스미스(Adam Smith)의 인간관을 따르는 주류 경제학은 완전경쟁(perfect competition)시장과 생산에서의 수확체감(diminishing returns of scale)을 정상 상태로 가정한다. 개별 생산자는 시장 지배력을 갖지 않는 가격 수용자고, 생산요소 투입에 따라 생산량이 증가하지만 일정 수준을 넘어서면 생산요소 단위당 산출량은 감소한다. 토머스 맬서스(Thomas Robert Malthus)와 데이비드 리카도(David Ricardo) 등은 농업을 관찰함으로써 얻은 결론인 수확체감을 중심으로 경제이론을 구축했고, 이는 지금까지도 주류 경제학의 근간을 이루고 있다. 수확체감은 차별화의 곤란함과 결합되어 소비재 또는 원자재 시장을 완전경쟁시장으로 이끈다. 수확체감의 저주는 생산비의 계속적 증가로 특화가 빈곤으로 귀결된다는 사실이다.

완전경쟁-수확체감 조합의 반대편에는 불완전경쟁(imperfect competition)-수확체증(increasing returns of scale)의 조합이 있다. 생산량이 증가함에 따라 단위당 생산비용이 감소하는 수확체증은 물리적 한계를 갖는 자연자원의 제약으로부터 자유로운 제조업 및 지식집약적 서비스업에서 관찰할 수 있는 현상이다. 수확체증은 시장점유율이 높은 생산자에게 지배력을 부여하

3 알렉산더 해밀턴(Alexander Hamilton)의 유치산업보호정책을 미국 경제에 최초로 적용한 사람이 링컨이었다(신장섭, 2008).

고 가격 설정자로서의 권한을 허용한다. 그 결과는 불완전경쟁이다.[4]

1990년대 미국에서 10년 이상 호황이 지속되자 '신경제(New Economy)'라는 말이 등장했다. 이는 정보통신혁명의 영향으로 생산성 향상이 계속되는 현상을 의미한다. 수확체감의 법칙이 작동하지 않는다는 뜻으로, 끊임없는 혁신으로 생산량이 증가해도 비용이 증가하지 않는다는 것이다. 그러나 이는 정보통신혁명으로 수확체증 현상이 재조명받은 것일 뿐이다. 전통적인 제조업에서도 수확체증이 가능하지만 수요의 제한으로 생산량이 제한되는 일이 발생하는 것이다. 이와 관련하여 주류 경제학이 수확체감을 기본으로 가정한 것은 현실의 반영이 아니라 균형 도출을 위한 이론적 필요성 때문이라는 설득력 있는 주장이 존재한다(이근, 2010).

17세기 초 활동했던 이탈리아의 중상주의 경제학자 안토니오 세라(Antonio Serra)[5]는 수확체증을 실현하는 제조업 육성을 경제발전의 핵심이라고 보았다. 실제로 18세기 후반 추상적인 경제학이 주류를 형성하기 전만 해도 제조업을 중시하는 산업화

4 앨프리드 마셜(Alfred Marshall)은 대량생산에 따른 수확체증의 요인으로 내부경제(internal economies)와 외부경제를 들었다. 내부경제는 분업이나 대량구입 등의 사유로, 외부경제는 연관 산업의 발전이나 용이한 숙련 노동력 확보 등으로 인한 생산비용 감소를 말한다(Buchholz, 2007).

5 안토니오 세라의 출생 및 사망 연도는 알려지지 않았다.

(industrialization)전략이 경제발전의 핵심을 이루었다.

지금의 주류 경제학은 비교우위 원리에 기초하여 자유무역을 강요하면서 빈국에는 소비재 및 원자재 생산을, 부국에는 생산재 또는 자본재 생산을 특화하라고 주장한다. 그러나 경제활동의 일부(농업)는 수확체감, 일부(제조업)는 수확체증 원리에 따른다면 빈국은 자유무역을 거부해야 한다는 결론에 이르게 된다. 제조업을 육성하는 산업화정책을 시행해야 빈곤에서 벗어나 경제발전을 이룰 수 있다.

대부분의 국민이 생존을 위한 재화와 용역의 소비에 부족함이 없는 국가에서도 생산은 가장 중요한 경제 문제다. 재화와 용역의 소비 그 자체를 위해서가 아니라 고용의 유지와 소득의 확보를 위해서다(Galbraith, 1987).

9.2

—

모방

14세기 이후 유럽이 부유해지기 시작한 것은 네덜란드와 같은 앞서가는 나라의 성공적 전략을 모방(emulation)했기 때문이다. 모방은 능동적인 노력으로 선구자를 따라잡거나 능가하려는 시도를 뜻한다. 빈국이 부국을 따라잡기 위한 모방의 역사를 살펴보고, 그 과정에서 사용한 정책들을 알아보자. 경제발전은 의식적 정책 시행의 결과다.

새로운 제품을 만들어내는 것과 기존 제품의 품질을 높이거나 가격을 낮춤으로써 경쟁우위(competitive advantage)를 확보하는 것을 '혁신 경쟁(innovative competition)'이라고 한다. 일반적으로 혁신은 모방을 부르게 되고, 후발 주자는 '모방 경쟁(imitative competition)'을 벌인다. 모방이 최초의 혁신을 능가하여 '창조적 모방(innovative imitation)'을 이룰 수도 있다(유시민, 2002).

천년을 이어오던 중세 암흑기가 막을 내리고 14세기경 인간성 회복의 기치를 내건 르네상스가 시작되면서 경제성장과 부의 축적에 관한 인식의 변화가 시작되었다. 그 이전까지 부의 축적은 이미 존재하는 부의 소유권을 바꾸는 정복에 의해 이루어졌다. 그런데 남의 것을 강탈하지 않고도 부유해질 수 있다는 생각이 일어나면서 경제성장에 대한 새로운 사고가 나타났다.

일반화된 부유함이 몇몇 도시에서 발견되었다. 사람들은 관찰과 경험을 통해 부의 원인, 경제성장의 법칙을 깨닫게 되었고, 부유한 일부 도시에서는 제조업이 성장하면서 수확체감의 악순환을 깨뜨렸다. 다양한 직종에서 전문 인력들이 만들어낸 혁신의 결과들이 시너지 효과를 내면서 부가 쌓여갔고, 부의 원인은 혁신, 시너지, 수확체증이라는 인식이 대두되었다.

경제발전 과정에서 핵심에 있는 것은 노동의 실질적인 전문화 및 분업이 행해지는 환경에서 이루어지는 시너지와 혁신의 역동적인 결합이다. (…) 간단하게 말해 그것은 시너지, 대규모 노동분업, 수확체증과 신지식의 합동 산물로서 경제성장에 대한 이해가 진화해나가는 이야기다. 앞으로 보겠지만 성장을 달성하는 잠재력은 언제나 특정 경제활동에 한정되어 있다는 점도 받아들여졌다. 다른 말로 하면 경제성장은 특정 활동 의존적이라는 것이다. 질적 차이도 고려하는 이런 전반적인 이해는 오늘날의 주류 경제이론에서는 기껏해야 일시적인 유행으로만 나타날 뿐이다(에릭 라이너트 지음,

김병화 옮김, 2012).

안토니오 세라는 1613년작《국가의 부와 빈곤의 원인에 관한 짧은 소고》에서 부국을 만드는 법칙을 정립했다. 이 법칙은 분업(division of labor)[6]과 수확체증이라는 요소로 구성되었다. 부유한 도시에서 직업의 숫자를 최대화하면 더욱 부유해질 수 있다는 것이다.[7] 부의 창출과 유지는 결국 커다란 진입장벽을 세움으로써 달성할 수 있다. 탁월한 지식과 발전된 기술에 의해, 다양한 직종 간의 시너지를 창출함으로써, 수확체증으로 규모의 경제를 달성하는 것으로 장벽을 세워 번영할 수 있다. 세라는 부국과 빈국을 구별하는 특징을 수확체증, 시너지, 올바른 정책으로 규정했다.

'다른 전통'의 시각에서 보면 무엇을 생산하는가에 따라 한 나라의 빈부가 결정된다. 경제발전에 관한 논의는 생산영역

6 애덤 스미스(Adam Smith)도 국부의 원인을 분업으로 보았다. 분업은 전문화, 작업 전환의 시간 손실 최소화, 발명과 혁신을 촉진함으로써 생산력을 제고한다(Heilbroner, 1997; 유시민, 2002; Buchholz, 2007). 스미스는 분업과 함께 자유교역이 부유함을 이루어낸다고 주장했다. 자유교역은 지역 간의 분업이므로 지역별 전문화를 뜻하기도 한다. 결국 국부의 비결은 교역의 증대로 인한 시장의 확대다.
스미스는 동시에 분업의 부작용에 대해서도 설명했는데, 임금 격차의 발생과 노동자의 우둔화가 그것이다. 분업에 따른 집단 우둔화 현상의 방지를 위해 공공교육을 권유했다(Buchholz, 2007).
결혼은 남성과 여성의 분업을 위한 제도로 볼 수 있고, 가족 또는 부족 간의 물물교환을 분업으로 볼 수도 있다(Harford, 2008).

7 "여기서 시장의 크기란 교환이 이루어지는 공간적 범위가 아니라 교환의 규모를 의미한다. (…) 그리고 시장이 크면 클수록 분업의 정도는 높아지며 직업의 종류도 늘어난다. (…) 시장이 커진다는 것은 다양한 재능과 취향과 인생관을 가진 사람들에게 더 나은 자아실현의 기회를 제공하는 축복이다. (…) 거대한 시장은 다양성이 꽃필 수 있는 가장 좋은 토양이다(유시민, 2002)."

에 기초한다. 규모(scale, 수확체증), 혁신(innovation, 기술발전), 학습(learning, 시너지)은 서로를 강화하며 함께 작용한다. 이러한 상호작용은 제조업에서 활발하게 일어나므로 번영의 핵심은 제조업의 발전이다. 원자재를 가공하여 가치를 수십 배까지 증가시킬 수 있으므로 '가치를 증식시키는 제조업(manufacturing multiplier)'이라고 표현할 수 있다. 이러한 가치 증식 과정에서 수확체증, 고용 창출, 정부의 과세 기반 확충이 자리 잡게 된다.

제조업 발전에 따른 이득은 노동자에게는 고용, 자본가에게는 이익, 정부에는 조세 확충이라는 '삼중지대(triple rent)'로 확산된다. 이렇듯 제조업의 발전은 안정적 임금수준을 유지하게 해주고 자연자원의 고갈로 인한 수확체감의 나락으로 떨어지는 사태도 예방해준다.

영국의 모방

르네상스 초기, 네덜란드와 베네치아는 삼중지대에 기초하여 유럽 최초로 부국으로 번영했다. 요인 3가지는 제조업, 원자재 독점, 해외무역이었다. 일부 지역과 특정 분야에서 이루어진 기술적 발전은 국가 전체에 부를 확산시켰다.

산업화를 위한 역사상 최초의 정책 개입은 영국에서 일어났다. 14세기 말 에드워드 3세는 모직물 제조업을 발전시키기 위해 국내산 옷감만을 사용했고, 벨기에의 기술자들을 데려오고, 수출입을 통제했다. 의도적인 산업정책을 시행한 최초의 군주였다(Chang, 2002). 15세기 말 헨리 7세는 모직산업이 발전한 프랑스 부르고뉴에서 보낸 어린 시절의 경험과 관찰에 기초하여 산업정책을 펼쳤다. 원자재 수출국이었던 영국을 모직물 제조업 국가로 탈바꿈시키고자 하는 의도였다. 헨리 7세가 주로 사용한 정책은 수출관세(export tax)였다. 영국의 원자재 수출가격을 인상하여 경쟁 국가의 제조업자들에게 높은 생산비라는 불리함을 부여하여 자국의 제조업을 성장시키는 전략이었다. 이에 따라 제조업 생산량이 증가하면서 원자재 수출 물량이 감소하기 시작했다. 16세기 말, 엘리자베스 1세가 튜더계획(Tudor plan)이라는 이름으로 추진한 산업정책은 수출금지(export ban)를 주요 도구로 삼았다. 양모 수출을 금지함으로써 원자재 독점권을 강화했고, 이로써 영국은 네덜란드와 베네치아의 삼중지대를 완벽하게 모방했다. 그 결과, 강력한 제조업, 원자재 독점, 해외무역 확보를 통해 부국으로 올라설 수 있었다.

독일의 모방

17세기 당시 유럽의 후진국이었던 독일도 영국과 마찬가지로 앞서가던 국가를 모방하여 경제발전을 모색했다. 독일의 모방전략을 살피는 과정은 주류 경제학에서는 잊힌 경제학자들을 만나게 해준다.

첫 번째로 만날 수 있는 경제학자는 독일 경제학의 기초를 세운 인물로 평가받는 루트비히 폰 제켄도르프(Veit Ludwig von Seckendorff, 1626~1692)다. 그는 1656년 군주를 위한 통치교재 목적의 《독일공국》이라는 저서를 출간하고 네덜란드를 기행한 후 1664년에 《부록》을 추가했다. 제켄도르프는 도시화와 산업화의 중요성을 주장했다. 네덜란드 기행에서 그가 관찰한 것은 다양성이었다. 원자재를 생산하는 농촌 지역에서는 산출물 종류의 제약으로 다양성이 부족할 수밖에 없지만, 산업화가 이루어진 도시에서는 다양성으로 한 부문의 지식이 다른 부문으로 전달되고 연결되면서 새로운 지식이 창출된다. 이러한 혁신이 풍요를 가져온다.

두 번째 경제학자는 필리프 빌헬름 폰 회르니크(Philipp Wilhelm von Hörnigk, 1638~1712)다. 그는 1684년 부국을 모방하기 위한 아홉 항목의 전략을 제시했다. 첫째, 생산의 가능성이 있는 땅은 조금이라도 소홀하지 말아야 한다. 둘째, 1차 상품들은 천연 상태로 사용할 수 없으면 국내에서 가공해야 한다. 셋째, 부양 능력에 맞게 인구를 늘려야 한다. 넷째, 유입된 금과 은을 국외로 유출되지 않게 하고 최대한 유통시켜야 한다. 다섯째, 국산품을 사용해야 한다. 여섯째, 수입대금은 최대한 자국 생산품으로 지급해야 한다. 일곱째, 수입품은 가능한 한 완제품 이전의 상태로 반입 후 국내에서 가공해야 한다. 여덟째, 수출품은 최대한 완제품 형태를 띠어야 한다. 아홉째, 국내 대체품이 있는 경우에는 수입을 금지한다.

독일은 영국과 마찬가지로 네덜란드와 베네치아를 모방했다. 수확체증과 기술 혁신을 위해 다양한 작업들을 집적시키려 노력했다. 이와 함께 독일의 경제학자들은 통치자들에게 부국을 모방하는 경제정책을 시행하도록 설득함으로써 번영의 길로 들어설 수 있도록 공헌했다.

9.3

저발전의 발전

번영의 원리를 외면한 퇴보를 향한 계속적인 경주는 '저발전의 발전(development of underdevelopment)'이라고 표현할 수 있다(에릭 라이너트 지음, 김병화 옮김, 2012). 저발전의 발전으로 부국과 빈국의 소득 격차가 더욱 벌어져 빈국이 빈곤의 올가미에 사로잡히게 되는 실패의 원인과 과정을 알아보자.

탈산업화

추상적 이론인 노동가치설과 비교우위론에 기초한 주류 경제학은 원자재 생산국과 가공품 생산국의 조화로운 번영을 그려냈다. 그러나 원자재 생산에 특화한 국가는 탈산업화(disindustrialization)에 이르게 된다.

탈산업화의 1단계 효과는 바넥-라이너트 효과(Vanek-Reinert effect)다. 선진국과 후진국 간의 갑작스러운 자유무역 시행으로 후진국에서 가장 발전적인 지식집약적 산업을 제거하는 효과를 말한다.[8] 후진국의 가장 발전적인 산업은 상대적으로 수확체증에 가까운 상황에 있었을 텐데, 선진국과의 경쟁으로 생산량 감소가 가장 큰 폭으로 나타날 것이기 때문이다. 이에 따라 후진국은 해당 산업에서 규모의 경제 효과를 상실하고 보다 열등한 기술이 요구되는 생산에 특화하게 된다.

탈산업화의 2단계 효과는 교역 조건(terms of trade)의 악화다. 원자재 생산에 집중하게 되면 수확체감으로 시간이 경과할수록 동일 생산량을 얻기 위해 노동 투입을 증가시켜야 한다. 이는 임금 하락을 압박하고 빈곤의 나락으로 안내한다. 특정 원자재 생산에 특화할수록 생산비는 증가하지만 국제시장에서 산출물의 가격은 상승하지 않기 때문이다. 결과적으로 부국은 수확체증 영역에서 비교우위를 점하고 빈국은 자연의 지배를 받는 비교우위를 전담하면서 수확체감의 길을 걷게 된다.

원시화

발전을 진보와 근대화라고 한다면 그 반대는 퇴보와 원시

8 이는 국제무역에서 자본과 노동 중 비교우위에 있는 생산요소를 특화하는 추세가 심화된다는 립친스키 정리(Rybczynski theorem)의 확장판이다.

화다. 경제 현상으로서의 원시화(primitivation)는 수확체감과 연결된다. 원자재 생산에 특화하면서 기존의 가공품 생산체계는 무너지게 된다. 수확체증, 기술 발전, 시너지에 기초한 시스템이 작동하려면 최소한의 규모(최소 유효 크기, minimum efficient size)가 필요하므로 생산량이 이에 미달하게 되면 시스템 자체가 와해되는 것이다. 원자재 생산부문도 시간이 지남에 따라 수확체감의 저주에 의해 자본 투입이 줄고 노동 투입만 증가하면서 원시적인 방식으로 퇴보한다.

경제발전에서 도시화의 중요성은 산업화와 밀접하게 관련된다. 도시에서 발달하는 제조업만이 규모의 경제 효과를 누릴 수 있기 때문이다. 도시에서 멀어질수록 자연자원에 대한 의존도가 큰 생산활동이 자리 잡는다. 이처럼 한 나라의 경제가 원시화하면 세계 경제의 중심부에서 밀려나 주변부로 전락하게 된다.

자유무역

베를린장벽이 무너진 이후 진행된 세계화 과정은 자유무역의 다른 이름이다. 신고전주의 무역이론은 국제무역의 결과에 따라 요소 가격 균등화(factor price equalization)가 달성될 것이라고 주장한다. 노동과 자본 등 생산요소의 가격이 전 세계적으로 동일하게 될 것이라는 뜻이다. 그렇다면 자유무역은 모든 나라를 부유하게 만들어줄 것이다.

그러나 이론과 현실은 달랐다. 세계화의 시작점에서 빈국의 허약한 산업경제는 그야말로 충격요법의 대상이 되었다. 하루아침에 자유무역을 맞닥뜨린 것이다. 급격하게 진행된 자유무역은 빈국의 수확체증 활동을 없애고 산업의 죽음을 불러왔다.

군나르 뮈르달(Gunnar Myrdal, 1898~1987)은 '다른 전통'에 입각한 무역이론에서 국제무역은 부국과 빈국 사이의 소득 격차를 확대한다는 견해를 밝혔다. 자유무역의 결과로 벌어지는 빈국의 탈산업화는 교역 조건의 악화와 연결되면서 빈부 격차를 키운다. 승자제거 효과[9]로 수확체증 활동이 감소하고 원자재 생산의 특화에 따른 수확체감에 내몰린다. 임금수준이 하락하고 대안 일자리가 사라지면서 소비재 생산 역시 수확체감 영역으로 이행한다. 탈산업화, 탈농업화, 인구 감소로 이어지는 과정이 이때 발생 가능한 최악의 상황이다.

현재의 부국이 과거에 제조업 육성을 위해 독일의 교육관세(erziehungszoll)나 미국의 유치산업 보호(infant industry protection)와 같은 방식으로 보호무역을 시행하던 과정은 경제발전에 필수적이다. 알렉산더 해밀턴과 프리드리히 리스트(Friedrich List, 1789~1846) 등이 관세의 필요성과 자유무역 시행 시기의 중요성을 강조한 것은 타당하다. 이렇게 해서 제조업 육성 또는 산업 보호에 성공하고 나면 더 큰 시장이 필요하게 되어 초기에 필수적

9 바넥-라이너트 효과를 말한다.

이었던 보호주의가 방해 요인이 되는 시점이 도래한다. 그러므로 선진국은 후진국에 자유무역을 강권하게 된다. 식민주의는 다름 아닌 경제정책이다. 19세기 말과 20세기 초에 걸쳐 제국주의 국가들은 식민지를 원자재 공급처와 가공품 판매처로 삼았고, 20세기 말에 불어닥친 세계화는 새로운 식민화(colonization) 과정이나 다름없었다.

9.4

—

사다리 걷어차기

번영을 위한 산업정책(industrial policy)은 국내용이고, 경제 발전에 해가 될 수도 있는 무조건적인 자유무역이라는 고매한 이론(high theory)은 수출용이다. 이러한 지적(知的) 분리는 미국의 역사적 흐름에서 아주 잘 드러난다.

여기에는 중요한 흐름이 있는데, 건국의 아버지들 이래로 미국은 늘 두 가지 전통으로 분열되어왔다는 것이다. 알렉산더 해밀턴의 행동주의 정책과 토머스 제퍼슨(Thomas Jefferson, 1743~1826)의 '최소한의 정부가 최선의 정부'라는 명제가 그것이다. 해밀턴은 1791년 미합중국 제1은행을 설립한 배후 실력자인 데 비해, 제퍼슨은 중앙은행 설립에 반대하여 싸웠고, 1811년 중앙은행 문을 닫는 데 핵심적인 역할을 했던 인물이다. 시간의 흐름에 따라 이 경쟁관계는 미국의 통상적인 실용주의에 입각해 제퍼슨

일파는 수사학(이론)을 담당하고, 해밀턴 일파는 정책(실무)을 맡는 식으로 해소되었다. 오늘날의 경제 이론가들은 제퍼슨-리카도식 수사법을 만들어 내는 것을 중요 임무로 삼는데, (폴) 크루그먼이 지적하듯이 그들이 미국 시장에서는 그다지 힘을 발휘하지는 못하고 있다(에릭 라이너트 지음, 김병화 옮김, 2012).

이와 같은 선진국들의 비난받아 마땅한 지적 분리를 '사다리 걷어차기(kicking away the ladder)'라고 부른다. 2002년 장하준(1963~)이 내놓은 같은 이름의 저작을 통해 널리 알려진 이 표현은 장하준이 프리드리히 리스트의 1841년작 《정치경제학의 국민적 체계(Das Nationale System der Politischen Ökonomie)》[10]에서 빌려 온 것이다.

사다리를 타고 정상에 오른 사람이 그 사다리를 걷어차버리는 것은 다른 이들이 그 뒤를 이어 정상에 오를 수 있는 수단을 빼앗아버리는 행위로, 매우 잘 알려진 교활한 방법이다. 바로 이 방법에 스미스(Adam Smith)의 코스모폴리티컬 독트린(cosmopolitical doctrine)과 동시대의 위대한 정치가 (윌리엄) 피트(William Pitt, 1759~1806)의 코스모폴리티컬 경향(cosmopolitical tendency), 그리고 이후 피트의 정치적 후계자들의 비밀이

10 "경제학에 역사와 민족주의를 체계적으로 도입한 최초의, 그리고 훌륭한 저작이다." 리스트의 경제학은 역사주의 경제학 또는 국민주의(nationalism. 또는 민족주의) 경제학이라고 부를 수 있다(유시민, 2009).

담겨 있다.

보호관세와 항해 규제를 통해 다른 국가들이 감히 경쟁에 나설 수 없을 정도로 산업과 운송업을 발전시킨 국가의 입장에서는 정작 자신이 딛고 올라온 사다리(정책 및 제도)는 치워버리고 다른 국가들에는 자유무역의 장점을 강조하면서, 지금까지 자신이 잘못된 길을 걸어왔고 뒤늦게 자유무역의 가치를 깨달았다고 참회하는 어조로 선언하는 것보다 더 현명한 일은 없을 것이다.[11]

리스트는 같은 책에서 제조업의 중요성과 함께, 사다리 걷어차기의 사악한 위력을 설명했다. 또한 당시 선도 국가였던 영국의 사다리 걷어차기가 성공할 경우 다른 나라들이 맞게 될 비참한 미래를 예견하기도 했다.

공업(제조업)은 국내외 상업, 해운과 개량된 농업의 기초이며 문명과 정치적 세력의 기초다. 지구상의 모든 공업력을 독점하여 다른 나라의 경제발전을 억누르는 데 성공하여, 그들이 단지 농산물과 원료만을 생산하든지, 필요불가결한 지방공업만을 운영하도록 억제하는 국민은 반드시 세계를 지배하게 될 것이다.

이리하여 점차 영국을 맹주로 하는 영국계 국가들이 하나의 세계를 형성하고, 유럽 대륙의 다른 국민들은 별 볼일 없는 2등 국민으로 영국적

11 역서(형성백, 2004년) 참조 재인용(Chang, 2002).

세계 속에 해소되고 말 것이다.[12]

영국이 실제로 행한 사다리 걷어차기를 통해 식민지 국가들과 경쟁국들에 사용한 정책들은 다음과 같다(Chang, 2002).

첫째, 영국은 식민지 국가들에 원자재 생산을 권장했다. 미국에 수출하는 가공품 생산에는 보조금을 지불하고 미국에서 수입하는 1차 산품에 대해서는 수입관세를 폐지했다.

둘째, 식민지 국가들에 일부 제조업 활동을 금지했다.

셋째, 자국의 제조업 육성을 위해 경쟁관계에 있던 식민지 상품들의 수입을 금지했다. 대표적으로 인도의 면직물제품 수입을 금지했다.

넷째, 식민지 국가들의 관세정책을 억제했다. 영국은 무력으로 빈국의 주권을 제한하고 불평등조약(unequal treaties)을 체결함으로써 자유무역을 강요했다.

영국은 또한 다른 경쟁 국가들에는 자국의 선진 기술 유출을 막음으로써 산업화를 저지하려 했다. 처음에는 기술 인력의 이주를 금지했고, 기계화가 진전됨에 따라 자본재 수출을 통제했다.

12 재인용(유시민, 2002).

9.5

—

경제발전을 위한 올바른 방향

경제발전은 특정 경제활동 의존적이다. 그러므로 저품질 경제활동과 고품질 경제활동의 차이를 이해하는 것이 중요하다. 앞에서 살펴보았듯이 선진국들의 사다리 걷어차기에 넘어가 따라잡기에 실패하면 부국이 될 수 없다.

저품질 경제활동

빈곤은 다음과 같은 모습으로 악순환의 궤적을 따라 심화된다.

수확체감활동 영역에서의 생산에 집중하면서 생산성이 정체되거나 생산성이 증가하더라도 가격 하락으로 귀결된다. 이는 실질임금을 정체시키거나 떨어뜨린다. 실질임금의 하락은 수요와 저축을 줄이고, 투자가 감소하고, 노동 대비 자본의 비율을 낮춤으로써 노동집약적 경제활동에 고착된다.

저품질 경제활동은 맬서스(방)식 활동(Malthusian economic activity)이라고 부를 수 있다. 수확체감 영역에서 완전경쟁의 결과로 가격 불안정을 겪게 되는 비숙련 노동에 의존하는 경제활동을 말한다. 기술의 변화가 낮은 가격으로 이어지고 시너지를 창출하지 못한다.

저품질 경제활동은 낡은 지식과 기술에 기초하여 완전경쟁에 내몰리고 낮은 임금수준을 도출한다. 규모의 경제 효과를 누릴 수 없는 수확체감의 위험에 노출되고, 연계생산이나 시너지를 창출하지 못하고, 혁신을 기대하기 어려우므로 진입장벽을 구축하지 못한다. 혁신이 일어난다 해도 업무 혁신(process innovation) 정도에 머무는 경우가 대부분이다. 업무 혁신의 결과는 고수익의 창출이 아닌 가격의 하락으로 이어져 번영을 가져오지 못한다.

고품질 경제활동

고품질 경제활동은 슘페터(방)식 활동(Schumpeterian economic activity)이라고 부를 수 있다. 수확체증 영역에서 역동적인 불완전경쟁의 결과로 가격 안정성을 확보하는 숙련 노동에 의존하는 경제활동을 말한다. 기술의 변화가 고임금으로 이어지고 시너지를 창출한다.

수확체증활동 영역에서 생산에 집중하면 생산성이 증가되고 실질임금을 인상시킨다. 실질임금의 상승은 수요와 저축을 늘리고, 이에 따라 투자가 증가하여 노동 대비 자본의 비율을 높인다. 수요의 증가는 대규모 생산을 일으키고 그 과정에서 다양성이 제고되어 시너지가 발생한다. 그 결과, 범위의 경제와 규모의 경제 효과를 누리며 선순환 궤적을 따라 번영이 강화된다.

고품질 경제활동은 신지식에 기초하고 기술 진보를 거쳐 역동적인 불완전경쟁을 통해 임금수준을 높인다. 수확체증 영역에서의 경제활동으로 고수익을 창출하는 제품 혁신(product innovation)을 통해 진입장벽을 구축하고 임금수준을 상승시킬 수 있다.

그릇된 경제정책

선진국들이 후진국들에 강권하는 경제정책의 조합을 '워싱턴 합의(Washington consensus)'라고 한다. 주요 내용은 다음과 같다.

① 긴축재정(fiscal discipline)
② 공공지출 삭감(reorientation of public expenditures)
③ 조세 개혁(tax reform)
④ 변동환율제도(unified and competitive exchange rate)
⑤ 재산권 보호(secure property rights)

⑥ 규제 완화(deregulation)

⑦ 무역자유화(trade liberalization)

⑧ 민영화(privatization)

⑨ 외국인 직접투자 자유화(openness to foreign direct investment)

⑩ 금융자유화(financial liberalization)

앞에서는 워싱턴 합의의 거시경제정책을 비판하는 데 핵심이 되는 세 가지 주장을 제시했다. 첫째, 거시경제정책을 수립할 때는 다양한 목표를 고려해야 한다. 물가안정뿐 아니라 장기적인 성장, 발전, 분배를 고민해야 한다. 둘째, 수단과 목표를 혼동하지 말아야 한다. (…) 무엇보다 중요한 정책은 생활수준을 지속가능하고 공평하게 발전시키는 정책이다. 셋째, 거시경제적 정책 수단을 늘려야 한다. 전통적인 재정정책과 통화정책 수단뿐 아니라 조세구조와 규제정책을 비롯한 미시경제적 개입을 동원해야 한다 (Stiglitz et al., 2006).[13]

워싱턴 합의는 2가지 원칙적 방향을 지향한다. 첫째, 정부 개입을 최소화하고 시장에 모두 맡기라는 것이다. 그러나 경제발전은 의식적인 정책의 결과이므로 이 원칙의 고수는 번영의 강화보다는 빈곤의 악순환을 부르기 쉽다. 둘째, 시장을 개방하고 모

13 역서(노승영, 2010) 인용.

든 거래를 자유화하라는 것이다. 그러나 섣부른 자유무역은 탈산업화를 거쳐 빈국의 경제를 원시 상태로 만드는 과정일 수 있다.

워싱턴 합의에 따른 정책 권고 또는 강요는, 의도적이건 무지에 기초하건 간에, 사다리를 걷어차는 행위임을 부인할 수 없다.

올바른 경제정책

경제정책의 목표는 장기적인 관점에서 공평하고 지속가능한 방식으로 사회적 후생을 극대화하는 것이다. 후생 극대화에 집중한다면 장기적인 성장과 발전에 미치는 영향을 중시해야 한다. 형평성을 중시한다면 고용, 분배, 빈곤에 미치는 영향을 주목해야 하고, 지속가능성을 중시한다면 환경오염이나 자원고갈 위험을 최소화해야 한다. 지속가능한 발전은 세대 간의 형평성을 고려하는 것이기도 하다(Stiglitz et al., 2006).

이미 언급했듯이 경제발전은 특정 활동 의존적이다. 혁신, 시너지, 수확체증이 상호 강화되는 생산영역에서 특정 경제활동이 이루어진다. 그러나 역사적 관찰이 입증하듯이 이러한 경제활동은 자연스럽게 육성되지 않는다(Chang, 2002). 성과 실현에 대한 불확실성 때문에 사적 이윤추구 동기만으로는 유치산업에 대한 충분한 투자를 담보할 수 없기 때문이다. 장기적이고 공적인 이익과 단기적이고 사적인 이익의 불일치가 번영을 위한 특정 경제활동으로의 전환이나 집중을 방해한다. 그러므로 정책적 개입이 필수적으로 요구된다.

다른 말로 하면 고소득 국가가 된다는 것은 개인이 고소득자가 되는 경우와 마찬가지로 특정 활동에서만 가능하다는 뜻이다. '따라잡기(catching-up)'는 이런 기술의 사다리를 올라가는 것이며, '뒤처지기(falling-behind)'는 거기서 미끄러지는 것이다(에릭 라이너트 지음, 김병화 옮김, 2012).

1791년 알렉산더 해밀턴은 《제조업에 관한 보고서(Report on the Secretary of the Treasury on the subject of Manufacturers)》를 작성하여 최초로 유치산업 보호에 관한 체계적 논리를 수립했다.[14] 정부가 유치산업에 속하는 기업들의 초기 손실을 보전해주지 않는다면 국제 경쟁력을 갖춘 제조업이 자리 잡지 못할 것이라고 주장했다(Chang, 2002). 해밀턴이 강조한 정책은 관세와 보조금이다. 수출관세와 제조업 육성에 필요한 원재료의 수입관세는 낮추고, 국내 업체와 경쟁관계에 있는 제품의 수입관세는 높인다. 특정 제조업에 보조금을 지급해야 하고, 이를 통해 제조업 육성뿐

14 애덤 스미스도 유치산업 보호에 대해 숙고한 적이 있었으나 결국에는 거부했다. 정부가 유치산업이 성숙기에 접어든 이후 보호정책을 중단할 수 있는 결단력과 의지력이 없다고 믿었기 때문이다(Buchholz, 2007). 유치산업 보호는 1721년 영국 수상 로버트 월폴(Robert Walpole, 1676~1745)의 무역정책 개혁으로 처음 성공적으로 실행되었고, 1791년 해밀턴이 체계적으로 발전시켰으며, 1840년 프리드리히 리스트가 정교한 이론을 정립했다(Chang and Grabel, 2004).

아니라 고용 기회를 제공함으로써 인적자원 양성까지 추구할 수 있다.

올바른 경제정책은, 제로섬(zero-sum)게임이 아니라, 피해를 보는 자의 손실보다 수혜자의 이익이 큰 정책이라고 말할 수 있다. 사회 전체의 부가 늘어나 사회 구성원들이 받는 혜택을 증가시키는 정책이 좋은 경제정책이다(Buchholz, 2007). 경제학의 평등성 가정에서 벗어나 한 분야의 혁신이 다른 분야로 연결되며 도약하는 특정 경제활동의 중요성을 인정하는 것이 그 출발점이다. 지속적이고 역동적으로 발전한다면 상대적으로 비효율적인 초기 단계의 제조업일지라도 그 주위에 형성된 고용, 임금, 시설 등이 실질적으로 유효한 의미를 거두게 된다. 여기에 규모가 더해지면 빈곤에서 탈출할 수 있는 길이 열린다. 빈곤의 핵심은 구매력 부족이고, 이는 수요 부족과 소규모 생산과 결합하여 악순환을 이루기 때문이다. 역사적으로 확인할 수 있는 번영의 원리를 따라 발전의 사다리를 오르기 위하여 경제주체들, 특히 정책 관계자들이 의식적으로 노력해야 한다.

이제 우리는 마지막 장을 앞두고 있다. 10장에서는 비전의 위기에 빠진 현대 경제학에 대해 논의하고 새로운 비전을 탐색하는 노력을 시도할 것이다.

10장

경제학의 비전

이 장은 경제학의 미래에 대한 조망이다.

조지프 슘페터(Joseph Alois Schumpeter)가 경제과학을 설명하면서 사용한 '비전', '분석'이라는 개념과 로버트 하일브로너(Robert Louis Heilbroner, 1919~2005)와 윌리엄 밀버그(William Milberg, 1957~)가 슘페터로부터 영향을 받아 강조한 '고전적 상황'이라는 개념을 이용하여 현대 경제학이 걸어온 자취를 정리하고 나아갈 미래를 그려본다. '비전의 위기'에 빠진 현대 경제학의 문제점을 인식함으로써 올바른 경제학의 방향을 제시해보고자 한다.*

* 10장의 주요 참고문헌은 로버트 하일브로너와 윌리엄 밀버그의 《비전을 상실한 경제학(The Crisis of Vision in Modern Economic Thought)》이다.

10.1

비전

비전은 조지프 슘페터가 경제과학을 설명하면서 사용한 개념으로, 분석 이전의 인지 행위를 말한다. 과학과 이념을 구분하는 차이는 분석에 있고, 분석의 단계를 거쳐야 과학이라고 할 수 있는데, 비전은 분석 이전의 단계에서 이념의 영향을 받은 인지 행위로 분석구조의 형식과 틀을 형성한다. "논리적 시나리오에 앞서 이루어지는 '분석 이전'의 과정이 있는데, 이 과정은 우리가 피할 수 없는 것이고 불가피하게 우리의 내면적 가치나 선호로 채색된다(Heilbroner, 1999)."[1] 비전과 분석이 합쳐지면서 이념에서 탈피하여 과학에 이르게 된다.

이론은 과학적 연구의 결과물로 분석이라는 과정을 거쳐

1 역서(장상환, 2008) 인용.

성립되지만, 과학적 연구에 대한 요구는 사회적 상황과 연구자의 비전으로부터 나온다.

모든 과학적 모험에서 첫 번째 나타나는 것이 미래상(vision)이다. 다시 말해, 분석을 시작하기 전에 먼저 탐구하려는 일련의 현상을 포착해내야 하며, '직관적으로' 그러한 현상이 조리에 맞는지, 즉 우리의 관점에서 볼 때 근본적인 성질이 무엇인지에 대해 예비 개념을 습득해야 한다.[2]

경제학은 다른 사회과학과 달리 행위의 법칙적 규칙성(lawlike regularities of behavior)을 탐구한다. 추론의 고리(chains of reasoning)가 큰 역할을 하며 인과적 연쇄성(causal sequences)을 발전시킨다. 따라서 분석은 경제학에서 중심적 지위를 갖는다. 그러나 분석만으로는 경제학이 완성될 수 없다.

현대 경제학에서 고급 이론화 작업(high theorizing)에 대한 지나친 추구가 현실성을 잃게 만들고 있다. 경제학적 분석이 사회적 배경과 분리될 수 있다는 주류 경제학의 경향적 사고가 단순함과 오만함을 드러낸 결과다. 실업의 원인이 노동자의 합리적 선택이라고 설명하면서 인간의 삶을 외면하고 현실과 괴리된 현학적 이론화에만 매달리는 것처럼 말이다.

역사적으로 당대의 경제적 담론을 지배하고 일관성을 부

2 슘페터의 《경제분석의 역사》의 내용으로 역서(김정수·이현숙, 2001) 참조 재인용 (Heilbroner, 1997).

여했던 합의된 경제사상은 '현실 세계에의 적용성(real-world-applicability)'과 '초점의 중심성(centrality of focus)'이라는 2가지 명확한 속성을 보여주었다. 당대를 지배한 경제사상의 중심 초점(central focus)은 연구 과정의 분석이나 연구의 결론보다 연구의 출발점인 비전에 근거했다. 비전이 탐구의 단계를 설정하고 배역들을 결정한 것이다.

> (…) '강력한' 경제이론은 언제나 강력한 사회정치적 비전 위에 세워지며, 경제이론은 그 근저에 있는 비전이 우리의 도덕적 공감을 계속적으로 불러일으키는 한에서만 우리의 지적 사고에 영향력을 발휘한다(Heilbroner and Milberg, 1995).[3]

모든 경제 현상은 사회적 기원(social root)을 갖는다. 경제 행위의 사회적 배경(social setting)을 인정하지 않으면 경제학의 유용성을 담보할 수 없다. 경제학이 생명력을 갖고 현실을 설명하려면 사회적 · 역사적 특수성을 고려하는 올바른 비전을 확립해야 한다.

3 역서(박만섭, 2007) 인용.

10.2

고전적 상황

고전적 상황(classical situation)이란 조지프 슘페터가 경제사상의 시기 구분을 위해 창안한 개념으로, "장기간의 투쟁과 논쟁을 거쳐 실질적으로 합의가 형성되어 있는 상황, 즉 이미 나타난 새롭고 독창적인 작업이 견고화된 상황"을 가리킨다.[4] 다시 말해서 성공한 비전이 만들어낸 이론적 중심(theoretical center)이 명확하게 존재하는 상황을 말한다.

이렇게 볼 때 슘페터가 말하는 고전적 상황은 그 자체로서 분석상의 성취가 절정을 이룬 상황이 아니다. 슘페터는 그것을 기껏해야 평정(repose)과 종점(finality)의 순간으로 봤고, 밀의 경우에서처럼 잠재적

4 슘페터의 마지막 저서인 1954년작《경제분석의 역사》의 각주 설명. 역서(박만섭, 2007) 참조 재인용(Heilbroner and Milberg, 1995).

으로는 죽어가는 순간으로 기술하고 있다. 슘페터는 경제사상이 전개되는 과정을 서술할 때 진화론적인 용어를 조심스럽게 피하고 있다. 그러나 고전적 상황을 경제사상이 전개되는 과정에서 나타나는 '한 순간의 균형(punctuated equilibria)'으로 묘사하더라도 슘페터의 개념을 크게 거스르는 것은 아닐 것이다. 이런 '한 순간의 균형'은 진화적인 것이든 아니든, 경제사상 전개의 추동력이 정지 상태 또는 견고화의 지점에 도달하는 시점이다. 이 시점은 그 당시의 경제학 학설을 연구 대상으로 하는 그런 종류의 문제들, 그리고 가장 수용할 만하다고 생각되는 종류의 대답들에서 광범위한 합의가 이루어져 있다는 특징을 갖는다. (…) 고전적 상황은 서로 부딪치면서 불협화음을 내는 사회적 관찰들의 혼돈을 감소시킴으로써 정치적 상상의 평정과 안정을 회복시키는 상황이다. 이런 상황은 심리적 안정의 순간을 묘사한다. 그것의 지배력은 분석적 혹은 경험적 고려를 통해 면밀히 검증받지만, 그 헤게모니적인 주장들은 가치가 주입된 고려들에 상당히 기초하고 있다(Heilbroner and Milberg, 1995).[5]

고전적 상황이라는 개념은 경제사상의 시기 구분을 논의하기 위한 유일한 시도다. 카를 포퍼(Karl Raimund Popper, 1902~1994)의 '추측과 반박(conjecture and refutation)', 토머스 쿤(Thomas Samuel Kuhn, 1922~1996)의 '패러다임(paradigm)', 임레 라카토스(Imre Lakatos, 1922~1974)의 '진취적인 과학연구프로

5 역서(박만섭, 2007) 인용.

그램에 의한 퇴보적인 과학연구프로그램의 대체(suppressions of degenerative scientific research programs by progress ones)' 등은 자연과학을 대상으로 설계된 방법론적 개념들로 분석의 기초가 되어 주었다. 사회적 실재 파악을 위한 전제들에 대한 합의된 기초라고 할 수 있는 개념이 없다면 분석이 이루어질 수 없으므로 고전적 상황이라는 개념의 유용성을 충분히 인정할 수 있다.

첫 번째 고전적 상황은 18세기 후반에 나타났다. 이 고전적 상황은 경제사상의 두 뿌리인 철학적 논의와 통속적 논의의 결과가 병합되어 나타났다. 이 시기의 대표적 저술은 애덤 스미스(Adam Smith)의 《국부론》이고,[6] '완전한 자유의 체제(system of perfect liberty)' 또는 '자연적 자유의 체제(system of natural liberty)'라는 새로운 비전이 나타났다(Heilbroner, 1999). 자기 이익(self-interest)을 추구하는 사람들과 이들 간의 경쟁이 생산물의 가격과 양을 조절하고 생산자의 소득을 규제한다는 것이다. 경제적 자유

6 슘페터는 첫 번째 고전적 상황이 어떤 내용으로 이루어져 있는지에 대해서는 명확하게 밝히지 않았다(Heilbroner and Milberg, 1995). 슘페터는 두 번째 고전적 상황 이전에, 하나의 이름으로 묶기는 어려운 분리 가능한 2가지 연구 흐름이 병합된, 고전적 상황이 분명히 존재했음을 주장하고자 했던 것으로 추정된다. 이론적 중심을 만들어내는 성공한 비전은 "특출한 종합적 저술 속에서 통합되어 나타나므로(Heilbroner and Milberg, 1995)" 스미스의 《국부론》을 첫 번째 고전적 상황의 중심 저술이라고 해도 무방할 것이다.
"1776년부터 1976년까지의 200년 동안 단 5권의 책들이 경제학을 지배했다. 스미스의 《국부론》, 데이비드 리카도(David Ricardo)의 1817년작 《정치경제학 및 과세원론(Principles of Political Economy and Taxation)》, 밀의 《정치경제학원론》, 마셜의 《경제학원론》, 새뮤얼슨의 《경제학》이 그 5권이다(Buchholz, 2007)."

가 최대화되는 시장이 동시에 엄격한 규제자가 되어 사회적 조화(social harmony)를 낳는다.

두 번째 고전적 상황은 고전주의 경제사상의 시기로, 이론적 중심이랄 수 있는 저술은 존 스튜어트 밀(John Stuart Mill)의 1848년작 《정치경제학원론(Principles of Political Economy)》이다. "밀은 이 저서로 인해 스미스와 리카도 경제학의 뼈대를 보존하고자 한 최후의 고전학파 경제학자가 되었다(유시민, 2009)." 밀은 생산과 분배를 엄격히 분리했는데, 생산과정은 주로 자연법칙을 따르고 분배과정은 본질적으로 사회법칙을 따른다고 인식했기 때문이다(조지프 슘페터 지음, 박영호 옮김, 2005). 밀은 사회규범의 변화 가능성을 확신하고, 자본주의 진보의 정점[7]에서는 인류가 경제성장을 향한 몰두에서 벗어나 자유와 정의 등 사회적책임에 대한 문제들로 주의를 돌릴 것이라고 예견했다(Heilbroner, 1999).

세 번째 고전적 상황은 한계주의(marginalism)적 분석이 보편적으로 받아들여진 신고전주의 경제사상의 시기로, 중심 저술은 앨프리드 마셜(Alfred Marshal)의 1890년작 《경제학원론(Principles of Economics)》이다. 한계주의의 세력 확대는 피상적으로는 지배적인 밀의 영향으로부터 벗어나고픈 갈망이 커졌음을 반영하고, 내밀하게는 경제적 기초를 계급에 두는 분석에 대한 불안을 반영한 것이다(Heilbroner, 1997). 마셜은 자기 이익을 추구하

7 부의 증가가 계속되는 진보 상태(progressive state)에 대비되는, 경제가 산출량 수준의 변화 없이 동일한 규모로 순환하는 정상 상태(stationary state)를 말한다.

는 개인을 중심으로 균형가격에 도달하는 과정을 설명하는, 정치적 내용이 배제된, 새로운 비전을 펼쳐 보였다(Heilbroner, 1999).

네 번째 고전적 상황은 케인스주의 경제사상의 시기로, 1970년대 초반 막을 내렸다. 중심 저술은 폴 새뮤얼슨(Paul Anthony Samuelson)의 1948년작 《경제학(Economics)》이다. "케인스의 분석을 그 이전의 모든 고전적 상황으로부터 분리시키는 비전상의 가정이 하나 있다면, 그것은 사회체제 자체의 운동력을 결정하는 데 있어서 과감하게 정부에 결정적인 역할을 부여했다는 것이다(Heilbroner and Milberg, 1995)."[8]

로버트 하일브로너와 윌리엄 밀버그에 따르면, 1970년경 이후에는 새로운 고전적 상황이 나타나지 않았다. 그들은 이를 '비전의 위기(crisis of vision in modern economic thought)'로 규정하고 우려했다.[9] 고전적 상황의 근저에 위치한 비전이 공동체의 희망을 반영하거나 두려움을 완화해주는 역할을 했는데, 케인스주

8 역서(박만섭, 2007) 인용.

9 역서(박만섭, 2007)에서 역자는 새케인스학파 경제학자 마이클 우드퍼드(Michael Dean Woodford, 1955~)의 2003년작 《이자와 가격: 통화정책이론의 기초(Interest and Prices: Foundations of a Theory of Monetary Policy)》를 대표 저술로 하는 '새합의(new consensus)'를 새로운 고전적 상황의 유력한 후보로 거명했다. 이 경제이론은 새고전파 경제학의 분석을 수용하여 새로운 거시경제 분석 방법을 확립하고 그로부터 적절한 정부 경제정책을 도출한다. 이자율은, 테일러 준칙(Taylor rule)과 같은, 일정한 준칙에 따라 중앙은행에 의해 결정된다고 주장한다. 케인스 경제학 이후의 이론적 발전을 수용하고 학계와 정책결정자들로부터 폭넓은 지지를 받고 있다. 존 테일러(John Brian Taylor, 1946~)의 테일러 준칙은 경제성장률과 물가상승률에 맞춰 적정 단기이자율 수준을 조정하는 방식을 말한다.

의 고전적 상황 이후 경제학이 질서를 확립시켜주는 방향으로 나아가지 못했기 때문이다.

10.3

케인스주의 고전적 상황

케인스주의 경제학 이후 새로운 고전적 상황이 나타나지 못한 혼돈의 시대를 이해하려면 먼저 케인스주의 고전적 상황의 출현 배경과 비전 및 분석적 특징을 알아야 한다. 이어서 케인스주의 합의가 와해된 원인과 과정을 짚어보고 이후에 나타난 대안적 경제이론의 부침을 살펴보려고 한다.

케인스주의적 합의

네 번째 고전적 상황인 케인스주의적 합의(Keynesian consensus)는 직전의 고전적 상황으로부터가 아니라 그 이후 경제학의 흐름에서 잉태되었다. 한계주의 고전적 상황의 비전은 경제학을 개별 가격 형성에 대한 분석적 접근 방식으로 정의했다. 앨프리드 마셜의 경제학에서처럼 교환 행위를 통한 효용극대화가 경제적 개선을 가져온다는 것이다. 이러한 비전은 존 메이너드 케인스(John Maynard Keynes) 경제학의 주요 경제 문제인 국민소득 규모와 관련한 문제를 경제학의 영역 밖으로 밀어내는 결과를 낳았다.

1차 세계대전 이후 찾아온 경제적 부진은 경제학의 관심을 경기순환(business cycle)으로 되돌렸다. 이때 클레멘트 주글라(Joseph Clément Juglar, 1819~1905), 조지프 키친(Joseph Kitchen, 1861~1932), 니콜라이 콘트라티에프(Nikolai Kontratieff, 1892~1938), 사이먼 쿠즈네츠(Simon Kuznets) 등의 연구가 주목을 받았다.[10] 그러나 경기순환이 외부 충격에 기인한다는 결론을 내림으로써 경제학 이론의 내부에 자리를 잡지 못했다. "경기순환이론의 중요성이 커지긴 했지만 경기순환이 정상적인 상태로부터의 장기적인 일탈(long-lasting departures)로서가 아니라 정기적인 일탈(regular deviations)로서 이해되는 한, 경기순환이론의 중요성 자체가 한계주의에 치명적인 도전이 되지 못한다는 것이다(Heilbroner and

10 경기변동(business fluctuation)은 경기의 부침(오르내림)을 뜻하고, 경기변동의 되풀이를 경기순환이라고 한다, 경기순환을 도식화한 것이 경기파동(business wave)이다. 대표적인 경기파동은 다음과 같다. ① 단기파동: 키친파동(Kitchen's wave)은 재고 변동 등을 원인으로 하는 약 40개월 주기의 경기순환을 나타낸다. ② 중기파동: 주글라파동(Juglar's wave)은 설비투자 변동 등을 원인으로 하는 약 10년 주기의 경기순환을 나타낸다. ③ 중장기파동: 쿠즈네츠파동(Kuznets' wave)은 인구 변동 등을 원인으로 하는 약 20년 주기의 경기순환을 나타낸다. ④ 장기파동: 콘트라티에프파동(Kontratieff's wave)은 기술 혁신 등을 원인으로 하는 약 50년 주기의 경기순환을 나타낸다.

Milberg, 1995)."[11]

미시적 극대화(micro-maximization)는 한계주의 분석의 근본적 기초로서 이전의 고전적 상황으로부터 한계주의 고전적 상황을 분리시키는 가장 큰 특징이다. 한계주의는 가격 결정을 경제학의 본질적 과제로 삼았으나, 케인스주의는 이를 총수요(aggregate demand) 수준의 결정으로 대체했다. 또한 케인스주의 고전적 상황은 개인 중심 행위에서 집단 중심 행위 개념으로 관점을 변경했다. 효용(utility)에서 성향(propensity)[12]으로 분석의 초점이 이동하면서 마셜의 위험(risk)이라는 개념과는 다른 불확실성(uncertainty)이라는 개념이 도입되었다. 그 결과, 경험적 탐구의 가능성이 확대되면서 엄밀한 과학의 외양이 열어졌고, 정부 개입의 정당성이 힘을 얻게 되었다.

케인스가 등장한 이후에는 '시장실패'라는 용어가 외부성(externalities)이나 가격경직성(price rigidities)의 의미가 아니라 불충분한 유효수요(inefficient effective demand)라는 의미로 사용되었고, 당시의 가장 중요한 문제였던 실업의 제일 원인으로 여겨졌다. 이렇게 하여 케인스 경제학은 경제활동의 적극적 창출자 역할을 하는 정부를 분석에 도입할 기초를 마련했다. 이것은 한계주의의 관점에서는 전혀 그 정당성을 부여할 수

11 역서(박만섭, 2007) 인용.

12 애덤 스미스도 인간의 성향(혹은 공통 욕구)을 경제 분석의 바탕에 두었다. 스미스가 지적한 2가지 성향은 개선 욕구와 교역 본능이다(Buchholz, 2007).

없었던 정부 기능의 확대로 이어졌다(Heilbroner and Milberg, 1995).[13]

한계주의 경제학은 합계적(summative) 관점으로 경제 현상에 접근한다. 개별 시장에서 생산량은 경제주체의 효용극대화 동기에 의해 결정된다고 보고, 개별 시장 생산량의 합으로 총생산량을 구한다. 이에 비해 케인스주의 관점은 총량적(aggregate) 분석을 요구한다. 성향에 근거한 총수요곡선과 기대(expectation)의 영향을 받는 총공급곡선의 상호작용으로 유효수요와 총생산량이 결정된다는 것이다. 독립적 개별 시장의 합계는 승수(multiplier), 유동성선호(liquidity preference) 등 사전적으로 관찰할 수 없는 생산을 결정하는 요소들로 인해 발생하는 상호작용을 고려할 수 없다.

폴 새뮤얼슨은 케인스주의 고전적 상황의 중심 저술을 통해 미시경제와 거시경제를 동등하게 분리 · 배치함으로써 마셜의 관점과 케인스 관점 간의 이질성을 극복했다. 개체분석(individual analysis)과 집단분석(collective analysis)이라는 분리된 탐구 양식을 각각 미시적 문제와 거시적 문제의 분석에 적용한 것이다. 이로써 정부의 재정정책이 개입할 여지를 확실히 마련했다. 다시 말하지만, 케인스주의 합의 분석의 출발점인 비전의 중심에는 정책 지향성(policy orientation)이 자리하고 있다.

13 역서(박만섭, 2007) 인용.

케인스주의 고전적 상황의 와해

1970년대 초반, 케인스주의 고전적 상황이 붕괴되기 시작했다. 사반세기 동안의 자본주의 황금기가 막을 내리고 자본주의 과도기가 시작되기 직전이었다. 2차 세계대전 이후 1970년대 초까지는 자본주의가 전 세계적으로 발흥하여 경제적 풍요로움이 널리 퍼진 기간이었다. 그중에서도 유럽의 부흥과 동아시아의 발전은 계획주의경제(dirigiste) 성격을 보였고, 이는 케인스의 정책 지향성이 여전히 지배적인 영향력을 발휘하고 있었음을 보여준다. 그러다가 1973년 제1차 오일쇼크로 물가가 급격히 상승하기 시작하면서 인플레이션이 주요한 경제 문제로 떠올랐다.

케인스주의 합의에 대한 분석적 비판의 첫 번째는 인플레이션(inflation)이론을 제공하지 못했다는 점이다. 케인스 경제학은 실업과 유효수요 부족 문제를 중심 과제로 삼았으므로 인플레이션에 대해서는 체계적인 언급이 없었다. "미국에서 인플레이션이 힘을 받기 시작했을 때, 필립스곡선이
[14] 잘못 움직이고 있으며 명목이자율에 인플레이션 프리미엄이 가산되어 있다는 사실

14 필립스곡선(Phillips curve)은 윌리엄 필립스(Alban William Housego Phillips, 1914~1975)가 영국 경제통계로부터 발견한, 실업률과 화폐임금인상률(또는 물가상승률) 사이에서 역의 함수관계를 나타내는 곡선이다. 본문 내용은 물가가 상승하는데도 실업률이 낮아지지 않았다는 뜻이다.
필립스곡선의 발견으로 완전고용을 정교하게 정의할 수 없게 되자 '완전고용 수준까지 경제 확대'라는 케인스의 처방 대신 가치 판단이 개입되는 임의적인 정책 관점이 대두되었다. 즉, '낮은 실업률에 따르는 편익이 인플레이션에 따르는 비용을 초과하는 수준까지 경제 확대'라는 것이다(Krugman, 1995).

은 모든 사람이 알아볼 수 있을 정도로 분명해졌다. 이로써 신고전파의 예상된 인플레이션 모형을 통해 이러한 현상을 예견해왔던 통화주의자들(monetarists)이 경제학계 안팎에서 크게 약진했다 (Heilbroner and Milberg, 1995)."[15]

케인스주의 경제학의 위상이 하락하게 된 두 번째 이유는 스태그플레이션(stagflation)[16]을 예측하지 못했다는 점이다. 그러나 스태그플레이션 발생의 주요 요인 중 하나는 노동자의 협상력 증대라는 예측할 수 없었던 역사적·제도적 변화에 기인한다.[17] 또한 케인스에게는 오히려 디플레이션에 대한 해결책을 제시하는 것이 중요한 선결적 과제였다. 대공황(Great Depression)에 직면한 상황에서 인플레이션을 치유해야 할 시급한 문제로 보지 않았다.

케인스주의 고전적 상황이 와해된 세 번째 이유는 화폐 및 통화 정책과 관련된다. 인플레이션이 주요한 문제로 부각되었을 때 통화주의(monetarism)는 통화량 조정을 통한 물가관리이론으로 케인스주의로부터 역혁명(counter revolution)에 성공했다.[18] 사

15 역서(박만섭, 2007) 인용.

16 새뮤얼슨이 명명한 용어로(Krugman, 1995), 불황 속에서의 물가상승 현상을 가리키는, 경기침체(stagnation)와 물가상승(inflation)의 합성어다.

17 임금인상이 물가상승을 야기하고 물가상승은 다시 임금상승의 압력으로 작용하는 임금-가격의 순환적 상승(wage-price spiral)의 결과인 새로운 형태의 인플레이션(임금-가격 인플레이션, wage-price inflation)과 관련된다(Galbraith, 1987).

18 통화주의를 주도한 경제학자는 밀턴 프리드먼(Milton Friedman, 1912~2006), 안나 슈워츠(Anna Jacobson Schwartz, 1915~2012), 카를 브루너(Karl Brunner, 1916~1989), 앨런 멜처(Alan Meltzer, 1928~2017) 등이다.

람들이 케인스 경제학은 인플레이션과 관련하여 화폐를 중요한 고려사항이 아닌 것으로 본다고 믿음으로써 케인스주의는 커다란 타격을 받았다. 케인스 경제학의 주요 개념인 유동성 선호는 통화정책(monetary policy)이 무력해지는 영역을 만든다. 이를 유동성 함정(liquidity trap)이라고 하는데, 이자율의 하한선이 존재하는 상태를 뜻한다. 통화량을 증가시켜도 이자율이 하락하지 않으므로 실업률이 높은 상황에서 통화정책은 현실 적합성을 상실한다. 이 지점에서 재정정책(fiscal policy)의 필요성이 부각된다. 그러나 케인스가 통화정책의 무용성을 주장한 것은 아니다. 경기침체기에 통화정책의 제한적 유용성을 강조한 것이다.

일반적으로 알려진 케인스주의 합의의 네 번째 결점은 미시적 기초가 결여되어 있다는 점이다. 케인스 경제학은 생산자의 투자를 결정하는 야성적 충동, 소비자의 소비를 결정하는 성향, 그리고 통계적 분석이 불가능한 불확실성 등을 도입함으로써 한계주의의 효용극대화 · 이윤극대화라는 최적화(optimization) 원리와 같은 과학성이 결여되어 있다는 지적이다. 그러나 이러한 문제의식은 경제학의 엄밀한 과학성에 집착하는 것으로 이에 대한 비판적 해석이 힘을 얻고 있다.

새로운 경제이론의 부상과 실패

케인스주의는 경제적 관심이 실업과 소득 감소에서 인플

레이션으로 옮겨가면서 무너지기 시작했다. 물가상승에 대한 케인스주의의 처방은 무기력한 긴축재정(retrenched finance)뿐이었다. 이후 화폐수량설(quantity theory of money)[19]이 갖는 직관적 설득력과 함께 통화주의가 지배적 경제이론의 위상을 차지하는 듯했다. 그러나 1970년대 들어서 통화량과 실물경제 변수 간의 실증적 관계가 흔들리기 시작하고, 통화주의자들의 시장효율성 과신과 '오직 화폐만이 중요하다(Only money matters)'는 식의 경직성 등으로 정상에 오래 머무르지 못했다. 합리적 기대 공리(rational expectation axiom)가 통화주의를 밀어냈다.

합리적 기대는 과거의 기대를 미래로 외삽(extrapolation)함으로써 미래의 기대가 형성된다는 통화주의의 적응적 기대(adaptive expectation)와 달리, 미래에 대한 현재의 추정치에 전적으로 근거한다. 즉, 경제주체들이 활용 가능한 모든 정보를 이용해서 미래를 합리적으로 예측한다는 뜻이다. 이는 정부의 재량적 정책을 무력화하는 것으로, 합리적 기대는 '정책 비실효성 명제(policy ineffectiveness proposition)'로 귀결된다. 이에 따르면, 예측

19 어빙 피셔(Irving Fisher, 1867~1947)의 교환방정식(equation of exchange) 또는 교환항등식(identity of exchange)을 살펴보면 화폐수량설을 이해할 수 있다. 교환방정식은 다음과 같다. MV≡PQ(M은 통화량, V는 화폐의 유통 속도(velocity of money), P는 물가수준, Q는 생산량). 화폐수량설은 교환방정식을 다음과 같이 해석한다. ① V는 일정하다. ② 단기적으로 Q는 한정적이다. ③ M의 변화는 P에 전달된다. 즉, 화폐의 유통 속도가 일정하므로 통화량의 증가는 물가상승을 초래한다. 통화주의는 통화량의 증가가 장기적으로는 물가상승으로 귀결되지만, 단기적으로는 생산량 증가도 야기하므로 경제 활성화도 가능하다고 주장한다. 케인스주의는 통화주의 및 화폐수량설과 달리 화폐의 유통 속도가 안정적이지 않다고 보았다(Buchholz, 2007).

된 정부의 경제정책은 장기적으로 전혀 실질 효과를 거두지 못한다.[20]

그러나 합리적 기대의 관점에서 경제 현상을 바라보는 것은 역사적 특수성을 고려해야 하는 사회적 과정을 물리적 과정과 동일시하는 것이다. "즉 합리적인 기대를 하나의 실존적인 은유로 용인할 수 없었기 때문에(Heilbroner and Milberg, 1995)"[21] 합리적 기대이론은 케인스주의를 대체하여 새로운 고전적 상황으로 자리 잡는 데 실패했다.[22]

균형 거시경제학 접근법(the equilibrium approach to macroeconomics)이라고도 불리는 새고전파 경제학(new classical economics)은 개인의 합리적 선택이라는 미시적 기초 위에 거시경제 모형을 구축하고자 했다. 실물경기변동이론(real business cycle theory)을 주장하면서 경기변동을 분석의 초점으로 재도입했다. 실물경기변동이론은 공급 측면의 변화에 따라 경기변동이 발생한다고 설명한다. 기술의 외생적 변화가 경기변동을 가져온다는 것이다. 기술적 제약 아래에서 합리적 개인을 분석의 중심으로 삼고 경제 행위의 사회적 측면을 제거했다. 그들은 실물경기변동 모

20 정책 비실효성 명제는 '루카스 비판(Lucas critique)'으로 이어진다. 이에 따르면 정책수단 자체가 평가의 모수들(parameters)을 변화시키므로 정책의 효과는 평가할 수 없다.

21 역서(박만섭, 2007) 인용.

22 합리적 기대이론의 주요 인물은 존 무스(John Fraser Muth, 1930~2005), 로버트 루카스(Robert Emerson Lucas, Jr., 1937~), 토머스 사전트(Thomas John Sargent, 1943~) 등이다.

형의 빈약한 설명력과 원자화된 개인이 사회적 탐구의 기초가 될 수는 없다는 비판에 힘을 잃었다.

새케인스학파 경제학(new Keynesian economics)은 합리적 기대와 효용극대화를 분석의 기초로 삼았다. 케인스의 관점과는 반대로 거시경제학적 논의를 공급 측면으로 제한함으로써 새고전파 경제학과 맥을 같이했다. 그러나 새고전파 경제학의 결론과 달리, 거시경제적 측면에서 즉각적 시장청산(market clearing)이 이루어지지 않는 기능 이상이 발생할 수 있다고 본다. 따라서 시장불완전성을 야기하는 제도적 경직성에 주목하고, 노동자의 협상력 증대로부터 '메뉴비용(menu cost)'[23]과 '효율성 임금(efficient wage)'[24]까지 논의의 범위를 확대했다. 그러나 미시적 인센티브만이 경제를 움직인다고 봄으로써 거시경제정책에 대해서는 외면했다. 새케인스학파 경제학은 새로운 비전을 제안하기보다는 새고전파 경제학에 대응하려는 동기에 기초하여 비전이 협소하다는 비판을 받았다.

케인스주의 합의가 와해되고 새로운 고전적 상황이 출현하지 않은 경제학계의 가장 큰 특징은 경제이론이 경제정책을 외면하고 침묵을 지킨다는 사실이다. 고전적 상황은 경제학자들의

23 인플레이션 상황에서 재화 및 용역의 판매가격 조정에 소요되는 모든 사회적 비용을 뜻한다.

24 효율성임금이론은 생산성에 따라 임금이 결정된다는 전통적 이론과 달리, 높은 임금이 이직률을 낮춰 생산성을 제고한다고 주장한다.

동의뿐 아니라 그 비전에 대한 일반 대중의 확신도 요구하는데, 그 요구에 답하는 이론과 비전이 아직 등장하지 않고 있다.

경제학은 경제 현상을 충실히 설명하고 경제 문제에 대한 해결책을 제시해줄 의무가 있다. 자유방임도 의식적인 선택의 결과이므로 정부의 개입을 무조건 반대하는 경제학은 스스로의 무지를 인정하고 의무를 포기하는 것과 다름없다.

10.4

비전의 위기

경제이론이 사회적·역사적 상황을 반영하려면 자본주의와의 밀접한 관련성에 기초하여 경제 현상을 분석해야 한다. 그전에 고려할 것이 있다. 비전이 분석의 범주를 결정하므로 사회질서를 무시한 비전은 분석적 탁월함에도 불구하고 고전적 상황을 형성할 수 없다는 사실이다. 사회적 비전과 기술적 분석의 괴리는 견고한 합의를 가로막는 장애요소로 작용한다.

대안적 비전들의 실패와 내부로의 방향 전환

마르크스주의(Marxism)는 한 세기가 넘도록 정체성을 유지해온 경제사상이지만 견고한 합의를 이루어내지는 못했다. 공산주의에 반대하는 진영에서는 피할 수 없는 적대감을 보유했고, 혁명을 필수화하는 급진적 분석에 대한 거부감이 존재했다. 마르크스주의 안에서도 적대적 내분이 심각했다.[25] 또 다른 대안적 경쟁자였던 제도주의(institutionalism)는 합의된 사상을 제공하기에 충분한 이론적 통일성을 갖추지 못했다.

경제학계의 경직된 위계조직이 대안적 접근들이 합의의 토대를 이룰 수 있는 환경을 제공하지 않은 측면도 있었다. 소수의 주도 세력에 의한 전문 학계의 지배는 경제사상의 근본적 변화 가능성을 강력하게 제한했다.

> (…) 현실 경제의 실제적인 문제를 최소한 간접적인 방식을 통해서라도 해결해낸다고 하여 경제학 교수로 커나갈 수 있는 것이 아니다. 그보다는 주변 동료들로부터 명석함을 확실히 인정받아야 커나갈 수 있다. 관념의 세계에 살며 맹목적이지만 독창적인 생각을 발전시키든가, 또는 경제가 실제로 어떻게 움직이는가 하는 데 관한 개념적 증거를 산출한다든가 하여 명석함을 입증해 보일 수 있어야 하는 것이다. 그러나 일관성이 부족하게라도 그렇게나마 한다는 것이 쉬운 일은 아니다. 그래서 교수들은 좀 더 확실한 방법을 찾는다.
>
> 그리하여 교수들 사이에 가장 인기 있는 경제학 이론은 근본적인 변화를 가하지 않고도 그럴 듯하게 - 대개는 좀 더 환상적인 수학의 상표를 붙

25 마르크스주의는 상호 대립하는 독점자본주의(monopoly capitalism), 분석적(analytical) 마르크스주의, 중층결정론적(over-determination) 마르크스주의, 근본주의적(fundamental) 마르크스주의와 같이 여러 갈래로 나눌 수 있다.

인 새 병에 오래된 술을 담아 내놓음으로써 뛰어남을 보여주는 방식을 써서 - 다듬어도 되는 이론이다(Krugman, 1994).[26]

경제학계는 고전적 상황을 형성했던 고전주의, 신고전주의, 케인스주의 경제학의 외부에서 새로운 지배적 비전을 확립하는 데 실패하자 자연스럽게 관심의 방향을 내부로 전환했다. 내부로의 방향 전환은 분석에 초점을 두고 비전을 축소시켰다. 그렇게 새로운 경제이론은 '기술의 유혹(the lure of technique)'에 이끌려 강력한 비전을 확립하는 데 실패했다. 이러한 현실은 '최강 연결고리 주도의 원칙(the principle of the strongest link)', '현실적 타당성보다는 분석의 엄밀성(rigor ahead of relevance)'이라는 우려 섞인 표현을 낳았다.[27]

케인스주의 고전적 상황의 비전이 이전의 고전적 상황과 크게 다른 점은 이것이다. 경제 현상을 자연법칙으로 설명하기보다 사회적 원인에 근거해서 설명하고자 했다는 점이다. 그 방법의 유용성에도 불구하고 경제학적 탐구를 자연과학과 동일시하고자 하는 개념의 부활은 케인스주의 합의를 무너뜨렸고, 이로써 경제학은 사회적·역사적·정치적 근거를 잃게 되었다. 경제적 분석에

26 역서(김이수·오승훈, 1997) 인용.

27 '최강 연결고리 주도의 원칙'이란 모형의 견고함은 무시하고 진보가 용이한 측면에 편향된 연구 경향에 대한 토머스 메이어(Thomas Mayor, 1927~2015)의 지적이고, '타당성보다는 엄밀성'이라는 표현은 엄밀한 과학성에 집작하는 경제학계에 대한 로버트 고든(Robert Aaron Gordon, 1908~1978)의 경고다(Heilbroner and Milberg, 1995).

서 관습, 기술, 문화, 조직 등의 역할이 통합되지 못하고 주변부로 밀려나고 말았다.

새로운 고전적 상황

새로운 고전적 상황의 비전은 어떠해야 할까? 무엇보다 자본주의사회의 특성을 정확히 고려해야 한다. 애덤 스미스에서 존 스튜어트 밀까지 이어진 정치경제학의 시대에는 계급구조에 기초한 귀족주의적 사회관을 표출했다. 이어진 경제학의 시대에는 경쟁적 개인 중심의 민주주의적 사회관이 바탕이 되었다. 여기서 더 나아가 새로운 고전적 상황은 자본주의 사회질서가 민간영역과 공공영역의 이중 구조로 이루어져 있다는 본질적인 성질을 이해하고 공공부문의 역할을 인정하는 인식에서 출발해야 한다. 국내외적으로 공공부문의 역할을 확장시키는 상황들이 전개되어왔으며 앞으로도 그럴 것이다. 국내적으로는 실업 및 고령화의 압박으로 정부의 이전지출 및 공공사업에 대한 의존도가 커지고, 국제적으로는 금융의 국제화로 정부의 독자적인 경제정책 수행이 제한되며, 인구 증가 및 환경오염으로 인한 문제에 대응하기 위한 공공부문의 기능상 중요성이 증대되고 있다.

새로운 고전적 상황의 기초를 형성할 비전은 공공부문의 역할이 폭넓게 인정되는, 정부의 개입과 조정이 확대되는 경제학

적 논의의 배경을 제공해야 할 것이다.[28]

그것은 현재 우리가 인지하고 있는 상황에서 우리 관심의 초점이 된 두 부문(두 계급이 아니라)이라는 게 우리의 대답이다. 특히 우리의 비전에 의하면 민간부문은 매우 중요하지만 상대적으로 수동적인 경기자로, 공공부문은 매우 작을지는 모르지만 전략적인 경기자로 통합될 가능성이 높다. 이렇게 되면 드라마 자체가 반영할 배경에서는 주로 자본가 계급의 행위나 개인 기업가의 결정에 주어졌던 동태적이고 결정적인 역할을 앞으로 정부 정책이 담당하게 될 것이다(Heilbroner and Milberg, 1995).[29]

이러한 비전의 확립을 위해서는 우선 공공부문에 명확한 합법성(legitimation)이 부여되어야 한다. 구축효과(crowding-out effect)[30]라는 용어가 웅변하듯 지금까지의 경제학은 민간지출이

28 “(…) 전반적인 경제 성과를 달성할 책임은 국가와 중앙은행에 두고, 고전적 시장의 전통적인 역할은 경제의 개별 부문이 담당하는 것이다(Galbraith, 1987).” 역서(장상환, 2000) 인용.

29 역서(박만섭, 2007) 인용.

30 정부지출 증가로 인한 민간투자 감소 현상을 말한다. 정부지출 증가는 정부의 차입 및 이로 인한 자본시장의 수요 확대를 의미한다. 이는 이자율 상승을 수반하여 민간의 투자수요를 감소시킨다. 경제가 최대 생산 능력으로 작동한다면(완전고용 상태라면) 정부지출 증가는 민간부문의 소비와 투자 감소를 야기한다. 그러나 경제가 완전고용 수준에 미치지 못하는 상태라면, 산출량 증가가 가능하므로, 정부지출 증가가 민간투자를 위축시키지 않을 수 있다. 주류 경제학은 정부의 재정정책 효과를 부정적으로 인식하지만, 구축효과(밀어내기 효과)와 반대되는 ‘끌어들이기효과(crowding-in effect)’로 정부지출에 대한 민간부문의 대응이 재정정책의 효과를 향상시킬 수 있다는 주장도 있다. 정부지출 증가로 경제 여건이 호전되어 민간투자 여력이 늘어나거나, 민간부문의 수익 증가로 민간투자와 경기가 회복될 수 있다는 것이다(Chang and Grabel, 2004; Stiglitz et al., 2006).

공공지출보다 우월하다는 인식이 지배적이었다. 그러나 자본주의가 공공과 민간의 두 영역으로 이루어졌다는 사실을 이해한다면 무조건적인 민간지출 우선주의는 재고되어야 한다. 공공부문에 우선권을 주어야 한다는 뜻이 아니라 지출의 주체가 아닌 지출의 중요성에 따라 우선순위를 정해야 한다는 말이다. 국민소득식을 구성하는 정부지출에 소비와 투자가 혼재한다는 점을 이해하고, 민간지출에도 사회적 관점에서 비용-편익 분석(cost-benefit analysis)[31]이 적용될 필요성을 인식해야만 한다.

공공부문의 합법성 증대가 비전의 중심이라면 이에 따라 분석의 지위도 변화해야 한다. 정부의 전략적 경제정책의 중요성을 인정하게 되면 분석의 역할은 목표 지향적으로 최적의 정책을 찾아내는 데 있다고 할 수 있다. 그러므로 분석은 단순히 기계적인 최적화를 추구하는 과정이라기보다 사회적 · 정치적 측면을 고려하지 않을 수 없게 된다. 새로운 고전적 상황에서 경제학의 이름은 공공부문의 역할을 확대하는 '정치경제과학(political economics)'[32]이 적절할 것이다.[33]

31 의사결정 과정에서 대안별 비용과 편익을 계산하여 최적의 대안을 선정하는 방법을 말한다.

32 아돌프 뢰베(Adolph Löwe, 1893~1995)가 경제학 분석이 예측지향성에서 수단-목표 지향적인(means-ends directed) 도구적(instrumental) 목적으로 변화해야 한다고 주장하면서 부여한 경제학의 새로운 이름이다(Heilbroner and Milberg, 1995).

33 정치는 경제학이라는 학문 세계와 현실 세계의 연결고리다(Buchholz, 2007).
"경제학의 역사에 관한 모든 저서는 경제학이 정치학과 재결합해 정치경제학이라는 더 커다란 학과를 다시 형성하게 될 것이라는 희망으로 결론을 맺어야 한다(Galbraith, 1987)." 역서(장상환, 2000) 인용.

10.5

경제학의 역할 및 지향

고전적 상황을 형성한 경제학에서는 하나같이 뚜렷한 비전을 확인할 수 있었다. 경제학은 언제나 당대의 사회적·정치적 상황을 배경으로 탄생했고, 시대적인 사회·경제 문제를 설명하고 해결하는 것을 사명으로 삼았다. 여기서 새로운 고전적 상황이 출현하지 않는 것을 '비전의 위기'로 명명한 이유는 명확하다. 케인스주의 합의 이후 경제학이 '비전'을 외면하고 '분석'에만 치중했기 때문이다. 논리적 추론인 분석만이 경제학 전체를 구성하기에 이르렀다. 분석이 경제학을 찬란하게 만드는 것은 사실이지만, 분석을 떠받치고 있는 비전이라는 토대 없이는 경제학이 분석에 의해 빛날 수 없다.

경제학을 학문의 주제가 아니라 방법으로 규정함으로써

'경제학의 제국주의' 시대가 도래하게 되었다. 방법에 천착함으로써 경제학 연구에는 다른 사회과학의 도움이 필요하지 않으며, 오히려 이러한 단절이 올바른 경제학을 위한 바람직한 환경이라는 오만하고 편협한 사고가 팽배해졌다. 다른 사회과학을 무시하면서 경제학으로 모든 사회현상을 설명하고자 한다. 이렇듯 이론에서 현실로 향하는 하향식으로 구축된 경제학은 수학적 설명이 곤란한 문제는 배제함으로써 질적인 요소를 무시하고 현실 타당성을 상실하게 된다. 이에 반해 현실에서 이론으로 향하는 상향식으로 구축된 경제학은 질적이고 통합적인 이해를 추구하며, 단순한 숫자로의 환원을 경계한다. 그럼으로써 현실 타당성을 우선한다.

경제학을 시공간적 특수성을 무시하는 보편적 분석 방법으로 인식하면 경제 현상을 자연법칙으로 설명하려는 태도를 갖게 된다. 그 결과는 경제 현상의 사회적·역사적 성격을 고려하지 못한다는 것이다. 여기서 탈피하여 경제이론과 사회적 상황을 연결해야 한다. 그러려면 경제학과 자본주의 사회질서의 밀접한 관련성에 기초하여 경제 현상을 탐구해야 하고, 공공과 민간의 이중영역으로 구성된 자본주의 사회질서의 운영상 특징을 고려한다면 공공부문의 역할이 증대되는 경제학을 상정해야 한다. 그렇다면 경제(학)적 분석의 기능은 현실 타당성을 갖는 정책 안내로 그 중심을 이동해야 할 것이다.

우리는 경제 문제가 생산의 문제와 분배의 문제로 구성되고, 경제학은 경제 문제 해결을 연구하는 학문이라는 출발점을 떠올릴 필요가 있다. 생존의 유지와 행복의 달성을 경제학의 목표로 삼는다면 경제학이 경제발전을 추동할 수 있어야 한다. 경제발전은 성장뿐 아니라 경제구조의 전환을 수반하는 것이다. 빈곤을 해결하고 불평등을 최소화하는 노력이 함께 진행되어야 사회적 부작용을 최소화하면서 경제성장을 달성할 수 있다.

교환경제에 치중하는 경제이론은 '평등성 가정' 아래 경제활동의 질적 동질성이라는 결과로 귀결됨으로써 생산과정의 역사적 · 정치적 맥락을 무시한다. 이와 달리 생산에 기초를 두는 경제이론은 생산 능력과 관련된 기술, 제도, 지식, 혁신 등의 질적 요인들을 중시함으로써 경제발전을 도모할 수 있게 해준다. 경제학은 정의로운 경제발전을 안내할 수 있어야 한다.

Economic
Mind

우리는 '견고한 경제 마인드 갖추기'를 목표로 시작한 여행의 종점에 다다랐습니다.

'경제란 무엇인가?'라는 질문으로 시작하여 인류 경제사를 돌아보고 경제사상의 줄기를 살핀 후 '경제학은 과학인가?'라는 물음에 답을 하면서 여행의 전반부를 마쳤습니다. 후반부에서는 미시경제와 거시경제의 핵심 내용을 탐구하면서 숲속 깊숙이 들어갔다가 경제발전과 경제학의 비전에 대해 논의하면서 다시 들판으로 나왔습니다. 여기서 또 다른 탐험에 대한 열정이 생겨났다면 이제는 스스로 당당한 걸음을 떼어놓을 수 있을 것입니다.

최근 몇 년간 맡고 있는 일에서 기대 이상의 성과를 얻었습니다. 행운의 도움도 있었겠지만, 논리적 사고에 기초하여 합리적이고 효과적인 행위를 할 수 있도록 애쓴 결과라고 생각합니다. 하지만 비논리적 상황과 맞닥뜨릴 때도 종종 있었습니다. 그럴 때면 힘겨운 시간이 이어지곤 했습니다. 그 상황이 어떤 위협

(threats)으로부터가 아니라 약점(weaknesses)에 기인하는 경우에는 고통의 강도가 배가되었습니다.

주말에 원고를 쓰고 정리하면서 보낸 시간이 큰 힘이 되어 주었습니다. 힘겹고 불쾌한 경험이 몸과 마음을 무겁게 누를 때 몰두와 집중으로 견뎌낼 수 있었습니다. '열정'이나 '관심'만이 아니라 최소한의 '이해' 또는 '지식'이 성과를 이뤄내고 만족을 가져온다는 것을 다시 한 번 확인했습니다.

편협한 결론으로 안내하는 이론이나 주장은 인간의 삶을 배제한 허상만 제공합니다. 이 책이 올바른 경제학 지식과 폭넓은 시각을 제공하여 독자 한 분 한 분이 정치적·경제적 의사결정의 현명한 주체가 되는 데 도움이 되기를 바랍니다. 더불어 두고두고 오랫동안 독자들과 호흡할 수 있기를 소망합니다.

참고문헌

김광수, 2009, 경제학 3.0. 더난출판, 서울.

김대식·노영기·안국신, 1994, 현대경제학원론(제3전정판). 박문사, 서울.

김대중, 1997, 대중 참여 경제론. 도서출판 산하, 서울.

김동옥, 2014a, "금융산업 구조조정과 금융기관 위기대응력 연구", 상업교육연구 28(2), pp.99-120.

김동옥, 2014b, "프로젝트 파이낸스 연구동향 분석", 상업교육연구 28(3), pp.283-306.

김동옥, 2014c, 금융위기와 금융기관: 금융기관 위기학습에 관한 연구. 단국대학교대학원, 경기.

김동옥, 2014d, "금융자격과 금융교육: 공인회계사 재무관리 시험과목 분석", 상업교육연구 28(5), pp.115-134.

김동옥, 2015, "국내 민간투자사업 연구논문 분석", 상업교육연구 29(3), pp.167-189.

김동옥, 2021, 파이낸셜 마인드: 한국인의 금융원론. 두앤북, 경기.

김동옥·양철원, 2013, "한국 금융기관의 위기대응력에 대한 연구", 기업경영연구 20(6), pp.131-152.

김상국, 2014, 속 시원한 경제 이야기. 북소울, 경기.
박경철, 2006, 시골의사의 부자경제학: 경제 원리에 숨겨진 부자들의 투자 비밀. 리더스북, 서울.
배호준·송민구·김관재·채무철·서수현, 2022 EBS 수능특강 사회탐구영역 경제. 한국교육방송공사, 경기.
설혜심, 2011, "학문의 분화와 통섭", 학림 32, pp.91-124.
송병락, 2010, 한국경제의 길: 독창적 모델을 찾아서(제5판). 박영사, 서울.
신민철, 2007, 사회연구방법의 기초. 창민사, 서울.
신장섭, 2008, 한국경제, 패러다임을 바꿔라. 청림출판, 서울.
신장섭, 2009, 금융전쟁: 한국경제의 기회와 위험. 청림출판, 서울.
양철원·김동옥, 2015, "한국 기업의 위기대응력에 관한 연구: 비금융기업을 중심으로", 기업경영연구 23(5), pp.109-131.
염성오, 2022, 탄소중립과 ESG 경영을 위한 녹색채권 통합평가방법 연구: LCA와 산업연관분석을 중심으로. 세종대학교 대학원, 서울.
유시민, 2002, 경제학 카페. 돌베개, 경기.
유시민, 2009, 부자의 경제학 빈민의 경제학(개정판). 푸른나무, 경기.
이근, 2011, 한국인을 위한 경제학(개정중판). 박영사, 서울.
이찬근, 2009, 불안한 번영. 부키, 서울.

이찬근, 2011, 금융경제학 사용설명서: 금융의 탄생에서 현재의 세계금융 지형까지. 부키, 서울.

장하성, 2014, 한국 자본주의: 경제민주화를 넘어 정의로운 경제로. 헤이북스, 경기.

장하성, 2015, 왜 분노해야 하는가: 한국 자본주의 II, 분배의 실패가 만든 한국의 불평등. 헤이북스, 경기.

장하준, 2004, 개혁의 덫. 부키, 서울.

장하준·정승일 지음, 이종태 엮음, 2005, 쾌도난마 한국경제. 부키, 서울.

장하준·정승일·이종태, 2012, 무엇을 선택할 것인가. 부키, 서울.

Akerlof, G. A., 1970, "Market for Lemons: Quality Uncertainty and the Market Mechanism", Quarterly Journal of Economics 84(3), pp.488~500.

Akerlof, G. A. and Shiller, R. J., 2009, Animal Spirits: How Human Psychology Drives the Economy, and Why It Matters for Global Capitalism. Princeton University Press, New Jersey. 》 조지 애컬로프·로버트 실러 지음, 김태훈 옮김, 2009, 야성적 충동: 인간의 비이성적 심리가 경제에 미치는 영향. 랜덤하우스코리아, 서울.

Allen, R. C., 2011, Global Economic History: A Very Short Introduction. Oxford University Press, UK 》 로버트 앨런 지음, 이강국 옮김, 2017, 세계경제사. 교유서가, 경기.

Ariely, D., 2008, Predictably Irrational: The Hidden Forces that Shape Our Decision. HarperCollins Publishers, New York. 》 댄 애리얼리 지음, 장석훈 옮김, 2008, 상식 밖의 경제학. 청림출판, 서울.

Ariely, D., 2000, The Upside of Irrationality: The Unexpected Benefits of Defying Logic at Work and at Home. Harper Collins Publishers, New York. 》 댄 애리얼리 지음, 김원호 옮김, 2011, 경제심리학. 청림출판, 서울.

Baskin, J. B. and Miranti Jr., P. J., 1997, A History of Corporate Finance. Cambridge University Press, UK.

Beinhocker, E. D., 2006, The Origin of Wealth: Evolution, Complexity, and the Radical Remarking of Economics. Harvard Business School Press, Massachusetts. 》 에릭 바인하커 지음, 안현실·정성철 옮김, 2015, 부는 어디에서 오는가. 알에이치코리아, 서울.

Bodie, Z., Merton, R. C. and Cleeton, D. L., 2009, Financial Economics(2nd Edition). Pearson, New York.

Buchholz, T. G., 1995, From Here to Economy. Penguin, New York. 》 토드 부크홀츠 지음, 이성훈 옮김, 2009, 유쾌한 경제학. 웅진씽크빅, 서울.

Buchholz, T. G., 2007, New Ideas from Dead Economists: An Introduction to Modern Economic Thought(Revised and Updated Edition). Penguin, New York. 》 토드 부크홀츠 지음, 이승환 옮김, 1994, 죽은 경제학자의 살아있는 아이디어. 김영사, 서울.

Chang, Ha-Joon, 2002, Kicking Away the Ladder: Development Strategy in Historical Perspective. Anthem Press, UK. 》 장하준 지음, 형성백 옮김, 2004, 사다리 걷어차기. 부키, 서울.

Chang, Ha-Joon, 2007, Bad Samaritans: The Myth of Free Trade and the Secret History of Capitalism. Bloomsbury Press, UK. 》 장하준 지음, 이순희 옮김, 2007, 나쁜 사마리아인들. 부키, 서울.

Chang, Ha-Joon, 2010, 23 Things They Don't Tell You about Capitalism. Bloomsbury Press, UK. 》 장하준 지음, 김희정 · 안세민 옮김, 2010, 그들이 말하지 않는 23가지. 부키, 서울.

Chang, Ha-Joon, 2014, Economics: The User's Guide. Penguin Books, UK. 》 장하준 지음, 김희정 옮김, 2014, 장하준의 경제학 강의. 부키, 서울.

Chang, Ha-Joon and Grabel, I., 2004, Reclaiming Development: An Alternative Economic Policy Manual. Zed Books, UK. 》 장하준 · 아일린 그레이블 지음, 이종태 · 황혜선 옮김, 2004, 다시 발전을 요구한다. 부키, 서울.

Cooper, G., 2008, The Origin of Financial Crises: Central Banks, Credit Bubbles and the Efficient Market Fallacy. Vintage Books, New York. 》 조지 쿠퍼 지음, 김영배 옮김, 2009, 민스키의 눈으로 본 금융위기의 기원. 리더스하우스, 서울.

Diamond, J., 1997, Guns, Germs, and Steel: The Fates of Human Societies. Norton & Company, New York. 》 제레드 다이아몬드 지음, 김진준 옮김, 2016, 총, 균, 쇠: 무기·병균·금속은 인류의 운명을 어떻게 바꾸었는가. 문학사상사, 서울.

Ferguson, N., 2008, The Ascent of Money: A Financial History of the World. Penguin Books. New York. 》 니얼 퍼거슨 지음, 김선영 옮김, 2010, 금융의 지배: 세계 금융사 이야기. 민음사, 서울.

Friedman, M., 1994, Money Mischief: Episodes in Monetary History. Mariner Books, Massachusettes. 》 밀턴 프리드먼 지음, 김병주 옮김, 2009, 화폐경제학. 한국경제신문, 서울.

Galbraith, J. K., 1987, A History of Economics. Hamish Hamilton, UK. 》 존 케네스 갤브레이스 지음, 장상환 옮김, 2002, 경제학의 역사. 책벌레, 서울

Harford, T., 2006, The Undercover Economist: Exposing Why the Rich Are Rich, the Poor Are Poor – Why You Can Never Buy a Decent Used Car! Oxford University Press, New York. 》 팀 하포드 지음, 김명철 옮김, 2006, 경제학 콘서트. 웅진싱크빅, 서울.

Harford, T., 2008, The Logic of Life: The Rational Economics of an Irrational World. Random House, New York. 》 팀 하포드 지음, 이진원 옮김, 2008, 경제학 콘서트 2. 웅진싱크빅, 서울.

Heilbroner, R. L., 1997, Teachings from the Worldly Philosophy. Norton & Company, New York. 》 로버트 하일브로너 지음, 김정수·이현숙 옮김, 2001, 고전으로 읽는 경제사상. 민음사, 서울.

Heilbroner, R. L., 1999, The Worldly Philosophers(7th Edition). Touchstone, New York. 》 로버트 하일브로너 지음, 장상환 옮김, 2008, 세속의 철학자들. 이마고, 서울.

Heilbroner, R. L. and Milberg, .W. S., 1995, The Crisis of Vision in Modern Economic Thought. Cambridge University Press, New York. 》 로버트 하일브로너·윌리엄 밀버그 지음, 박만섭 옮김, 2007, 비전을 상실한 경제학. 필맥, 서울.

Heilbroner, R. L. and Milberg, .W. S., 2011, The Making of Economic Society(13th Edition). Pearson, Boston. 》 로버트 하일브로너·윌리엄 밀버그 지음, 홍기빈 옮김, 2010, 자본주의 어디서 와서 어디로 가는가. 미지북스, 서울.

Heilbroner, R., L. and Thurow, L. C., 1982, Economics Explained. Prentice-Hall, New Jersy. 》 로버트 하일브로너·레스터 서로우 지음, 조윤수 옮김, 2009, 경제학은 무엇을 말할 수 있고 무엇을 말할 수 없는가. 부키, 서울. 》 로버트 하일브로너·레스터 서로우 지음, 조윤수 옮김, 2018, 한 번은 경제 공부. 부키, 서울.

Heinberg, R., 2011, The End of Growth: Adapting to Our New Economic Reality. New Society Publishers, Canada. 》 리처드 하인버그 지음, 노승영 옮김, 2013, 제로 성장 시대가 온다. 부키, 서울.

Kahneman, D., 2011, Thinking Fast and Slow. Farrar, Straus and Giroux, New York. 》 대니얼 카너먼 지음, 이진원 옮김, 2012, 생각에 관한 생각: 우리의 행동을 지배하는 생각의 반란. 김영사, 서울.

Kindleberger, C. P. and Aliber, R. Z., 2011, Manias, Panics, and Crashes: A History of Financial Crises(6th Edition). Palgrave Macmillan, UK. 》 찰스 킨들버거·로버트 알리버 지음, 김홍식 옮김, 2006, 광기, 패닉, 붕괴: 금융위기의 역사. 굿모닝북스, 경기.

Krugman, P. R., 1995, Peddling Prosperity: Economic Sense and Nonsense in the Age of Diminished Expectations. Norton, New York. 》 폴 크루그먼 지음, 김이수·오승훈 옮김, 1997, 경제학의 향연. 부키, 서울.

Krugman, P. R., 2009, The Return of Depression Economics and the Crisis of 2008. Norton, New York. 》 폴 크루그먼 지음, 안진환 옮김, 2009, 불황의 경제학. 세종서적, 서울.

Levitt, S. D. and Dubner, S. j., 2005, Freakonomics: A Rogue Economist Explores the Hidden Side of Everything. Harper-Collins Publishers, New York. 》 스티븐 레빗·스티븐 더브너 지음, 안진환 옮김, 2005, 괴짜 경제학. 웅진씽크빅, 서울.

Levitt, S. D. and Dubner, S. j., 2009, Superfreakonomics: Global Cooling, Patriotic Prostitutes, and Why Suicide Bombers Should Buy Life Insurance. Harper-Collins Publishers, New York. 》 스티븐 레빗·스티븐 더브너 지음, 안진환 옮김, 2009, 슈퍼괴짜경제학. 웅진씽크빅, 서울.

Makiw, N. G., 2019, Principles of Economics(9th Edition). Cengage Learning. Boston. 》 그레고리 맨큐 지음, 김경환·김종석 옮김, 2021, 맨큐의 경제학. 센게이지, 서울.

Minsky, H. P., 2008a, Stabilizing an Unstable Economy. McGraw-Hill, New York.

Minsky, H. P., 2008b, John Maynard Keynes. McGraw-Hill, New York. 》 하이먼 민스키 지음, 신희영 옮김, 2014, 케인스 혁명 다시 읽기. 후마니타스, 서울.

Okun, A. M., 2015, Equality and Efficiency: The Big Tradeoff. Brooking Institution Press, D.C. 》 아더 오쿤 지음, 이영선 옮김, 1990, 평등과 효율: 갈등 구조의 분석 및 조화의 방법. 현상과 인식, 서울.

Pikkety, T., 2014, Capital in the 21st Century(A. Goldhammer, Trans.). Havard University Press, Massachusetts. (Original Work Published in 2013). 》 토마 피케티 지음, 장경덕·유엔제이 옮김, 2014, 21세기 자본. 글항아리, 경기.

Rubini, N. and Mihm, S., 2010, Crisis Economics. Penguin Books, UK. 》 누리엘 루비니·스티븐 미흠 지음, 허익준 옮김, 2010, 위기 경제학. 청림출판, 서울.

Samuelson, P. A. and Barnet, W. A., 2007, Inside the Economist's Mind: Conservation with Eminent Economists. Blackwell Publishing. UK. 》 폴 새뮤얼슨·윌리엄 바넷 엮음, 함정호·진태홍 옮김, 2008, 위대한 경제학자들의 생애와 사상. 지식산업사, 경기.

Sandel, M. J., 2009, Justice: What's the Right Thing to Do? Farra, Straus, Giroux, New Yor. 》 마이클 샌델 지음, 이창신 옮김, 2010, 정의란 무엇인가. 김영사, 경기.

Schumpeter, J. A., 1954, Economic Doctrine and Method: A Historical Sketch(R, Aris, Trans.). Oxford Unversity Press, New York. (Original Work Published in 1912). 》 조지프 슘페터 지음, 성낙선 옮김, 2007, 경제학의 역사와 방법, 한신대학교 출판부, 서울.

Shiller, R. J., 2012, Finance and the Good Society. Princeton University Press, New Jersey. 》 로버트 실러 지음, 노지양·조윤정 옮김, 2013, 새로운 금융시대: 개인 투자와 세계 경제의 흐름을 바꿀 금융의 미래. 알에이치코리아, 서울.

Stiglitz, J. E., Ocampo, J. A., Spiegel, S., and Nayyar, D., 2006, Stability with Growth: Macroeconomics, Liberalization, and Development. Oxford University Press, UK. 》 조지프 스티글리츠 외 지음, 노승영 옮김, 2010, 이단의 경제학: 성장과 안정의 이분법을 넘어. 시대의창, 서울.

Stiglitz, J. E., Sen, A., and Fitoussi, J-P., 2010, Mismeasuring Our Lives: Why GDP Doesn't Add Up. The New Press, New York. 》 조지프 스티글리츠 외 지음, 박형준 옮김, 2011, GDP는 틀렸다: '국민총행복'을 높이는 새로운 지수를 찾아서. 동녘, 경기.

Strathern, P., 2001, Dr. Strangelove's Game: A Brief History of Economic Genius. Penguin Books, UK. 》 폴 스트레턴 지음, 김낙년·천병윤 옮김, 2002, 세계를 움직인 경제학자들의 삶과 사상. 몸과 마음, 서울.

Thaler, R. A. and Sunstein, C. R., 2009, Nudge: Improving Decisions about Health, Wealth, and Happiness. Penguin Books, New York. 》 리처드 탈러·캐스 선스타인 지음, 안진환 옮김, 2009, 똑똑한 선택을 이끄는 힘, 넛지. 리더스북, 서울.

가라타니 고진 지음, 김경원 옮김, 2010, 마르크스 그 가능성의 중심. 이산, 서울.
니시무라 가쓰미 지음, 부윤아 옮김, 2016, 피케티의 21세기 자본을 읽다. 재승출판, 서울.
댄 스미스 지음, 김민주·이엽 옮김, 2021, 경제학 100문장. 미래의창, 서울.
데이비드 오렐 지음, 김완수 옮김, 2021, 경제사 아는 척하기. 팬덤북스, 경기.
도모노 노리오 지음, 이명희 옮김, 2007, 행동경제학. 지형, 서울.
리우스 지음, 이동민 옮김, 1988, 마르크스, 생애와 사상. 오월, 서울.
에릭 라이너트 지음, 김병화 옮김, 2012, 부자 나라는 어떻게 부자가 되었고 가난한 나라는 왜 여전히 가난한가. 부키, 서울.
요시다 요이치 지음, 정구영 옮김, 2002, 0의 발견. 사이언스북스, 서울.

장하준 지음, 이종태·황혜선 옮김, 2006, 국가의 역할. 부키, 서울.

조지프 슘페터 지음, 박영호 옮김, 2005, 경제발전의 이론: 기업가 이윤, 자본, 신용, 이자, 경기순환에 관한 연구. 박영률출판사, 서울.

존 메이너드 케인스 지음, 조순 옮김, 2007, 고용, 이자, 화폐의 일반이론(개역판). 비봉출판사, 서울.

팀 하포드 지음, 안진환 옮김, 2010, 경제학 카운슬링. 웅진지식하우스, 서울.

팀 하포드 지음, 박세연 옮김, 2018, 경제학 팟캐스트. 세종서적, 서울.

폴 크루그먼 지음, 김이수 옮김. 2002, 우울한 경제학자의 유쾌한 에세이. 부키, 서울.

피터 자이한 지음, 홍지수·정훈 옮김, 2018, 21세기 미국의 패권과 지정학. 김앤김북스, 서울.

피터 자이한 지음, 홍지수 옮김, 2019, 셰일 혁명과 미국 없는 세계: 세계 질서의 붕괴와 다가올 3개의 전쟁. 김앤김북스, 서울.